GW01605311

张朝晖 著

天地之际

徐冰和蔡国强

感谢所有帮助和支持过我的人

封 面
徐 冰 《蚕系列·开幕式》1998

封 底
蔡国强《万里长城延长一万米》1993

中文编辑
张朝晖 于 洋

英文编辑
乔 峰 罗伯特 贺 潇

设 计
罗咏梅 王 琦 罗伯特

Published by Timezone 8 Ltd.
e-mail: info@timezone8.com
www.timezone8.com

ISBN: 988-98086-6-8

目 录

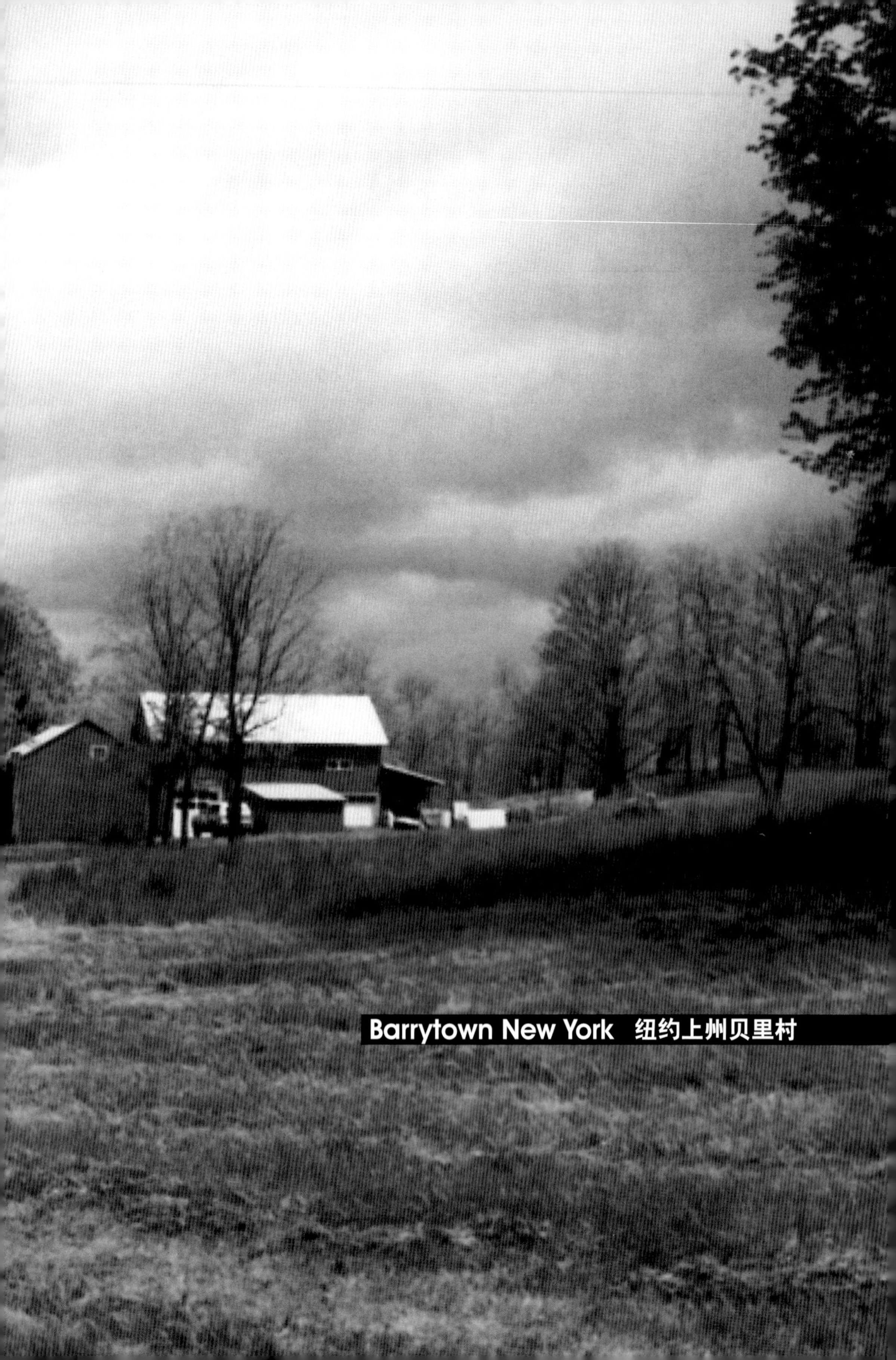

Barrytown New York 纽约上州贝里村

1 前言

"天"与"地"作为这个展览标题的关键词，听起来有点漫无边际和大而无当。实际上，这个标题的灵感来源于沃尔特·德·马利亚(Walter De Maria)的著名大地艺术作品《雷电场地》(Lightning Field)那壮观而又令人凝神静气的场景。我被这完美地结合了人类力量和大自然能量的场景所深深地震憾了：你看那数百个刨光的不锈钢立柱整齐排列在开阔的原野上，直指苍穹；闪电从浓密的云隙间泼撒下来。作为大地的延伸，不锈钢柱似乎是人类张开智慧与力量的双臂，拥抱象征天堂之声的雷电。在世界各民族文化中，大地都象征人们居住的尘间凡世，而天宇之上则是人类梦寐以求的极乐世界的象征。而在中国人看来，天与地的关系又是中西文化相互作用的绝好的比喻，也就是阴与阳。可以说德·马利亚的《雷电场地》结合了东方思想智慧与现代科技的成果，在高度发达的当代技术文明社会，对人与自然的关系进行再一次艺术式的质询。

这个展览中的两件装置作品将突出两种不起眼的小动物：蚯蚓和蚕。徐冰的《蚕系列·开幕式》(Silkworm Series—Opening)展现了蚕的天性。蚕在中文中由"天"和"虫"两个词素组成。蔡国

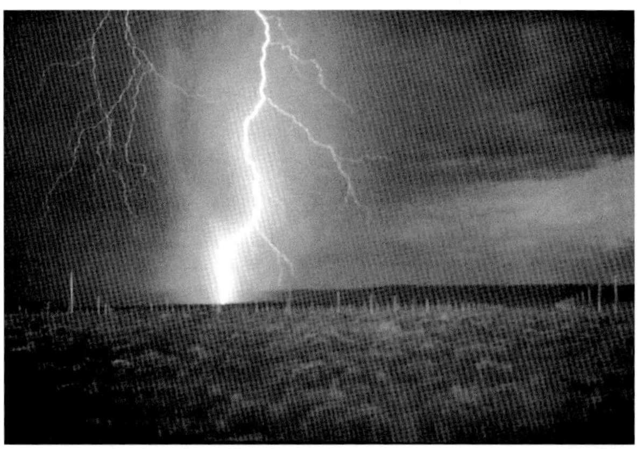

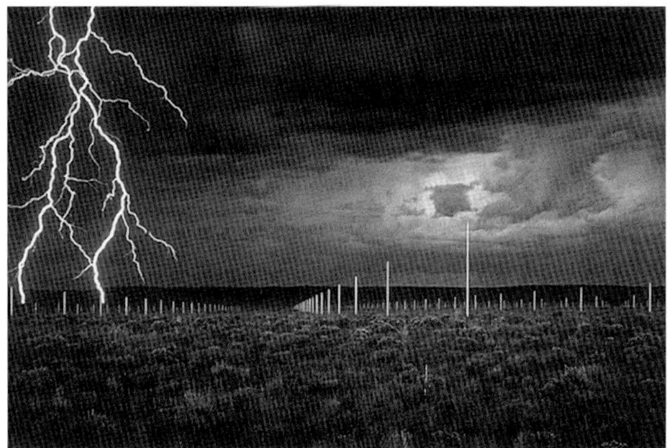

德·玛丽亚《雷电场地》 1977
Walter De Maria: *Lightning Field*, 1977

强的《纽约蚯蚓室》（The New York Earthworm Room）所使用的蚯蚓则承担了土壤改良的功能，同时，与德·马利亚的另一件在纽约苏荷区迪亚艺术中心陈列馆沉睡了二十五年的《纽约土地室》（The New York Earth Room）进行对话，这件作品作为70年代轰轰烈烈的大地艺术和观念艺术的重要遗存和见证，一直接受着来自世界各地的艺术爱好者的朝拜。蚯蚓在英文中由"地"(earth)和"虫"(worm)两个词根构成。所以在我策划的展览中，蚯蚓和蚕这两种虫子象征性地把天与地、东方与西方结合在一起。因此这个展览的最恰当的主标题应该是《天地之际》。蔡国强和徐冰的艺术创作 — 尤其是在本展览中展出的两件装置作品 — 集中体现了他们对东西方艺术、思想、和社会体制的看法；在这一点上他们拥有共同的探索起点。不仅雷电那壮丽的霎那诞生于天与地相接壤的地方，人类创造灵感的火花也往往迸发于东西方思想与智慧相互砥砺与磨擦的尖锋时刻。

运用动植物，这在当代艺术实践中并不新鲜，尤其是当艺术家们针对环保问题时。然而，在一个展览中同时展示两种相近似的小生命，并关注东西方对话问题，似乎是十分少见的。蚯蚓和蚕的生命本能和生理机能形象地体现了中英文语境中"蜕变"的概念，因此，我以《文化蜕变》为标题的硕士学位论文将探讨两位艺术家在加速行进的国际化浪潮中，从80年代的中国、亚洲文化背景向90年代国际艺坛移位和转变的一些令人关注的现象和问题。

事实上，研究他们的艺术的本身，也是自我检验的一种方式。作为一个有跨文化经验的（Cross-Culturally Experienced）艺术策展人，两个问题一直萦绕在我沉思的脑海：到底我应采取什么角度来研究他们呢？是西方人，还是中国人？其次，我写给谁看的呢？是美国人，是中国人，亦或美籍华人？我发现，两位艺术家也十分关注这一对相互关连的基本问题。我觉得，当探讨他们艺术中涉及的传统中国文化问题时，应该让西方读者明白其作品中深厚的文化意蕴；当研究他们作品中的当代国际问题时，也应让中国读者获取有益的东西。我发现自己位于美国人和中国人、中国情境与国际艺术格局之间。换句话说，我担当了某种文化掮客的角色：将中国的某些东西带到美国艺术界，再将在美国学到的艺术方法带回中国，勾通两者。从这一点来看，我和两位艺术家在玩一种站在同一个起跑线上进行接力棒比赛的奇怪游戏。坦白地讲，也就是在某种意义上说，我致力于探索一种新中国文化的认同，它渊源于古老而辉煌的文化艺术传统，而又吸收当代人类文化的最新成果，以期推助一种中国新艺术的尖端而鲜活的形象使之日益隆起和凸现在错综复杂、相互渗透的国际化当代艺术格局与背景中。

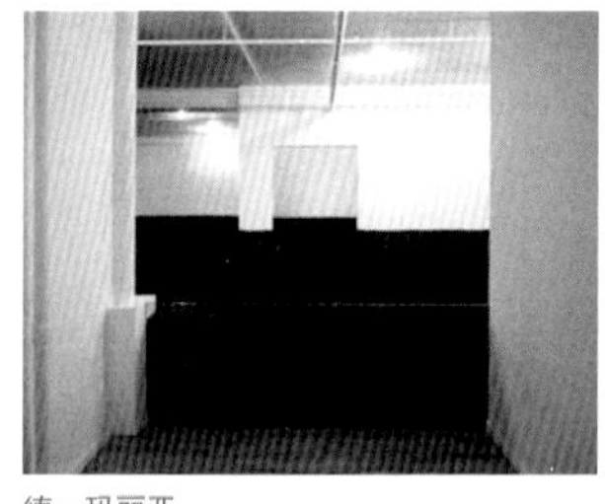

德·玛丽亚
《纽约土地室》
Walter De Maria
New York Earth Room

在这个艺术研究项目中，我把蔡国强和徐冰这两位在海外最有影响的中国艺术家放在一起进行比较研究的动机，来源我本人的经验、兴趣和背景。我本人生于很传统的中国家庭，在位于与徐冰曾生活过的北京大学相比邻的一所部队大院里长大，从少年时起便培养起对中国历史与艺术的强烈兴趣，后来在天津南开大学训练成一位专业的艺术博物馆工作者。因此，我愿从社会历史和现实生活的角度，而非仅仅从审美和艺术的角度，来判断和研究艺术问题及现象。旅行也是我所迷恋的爱好之一，自从我18岁起一直做单身旅行，几年间我走遍了中国的大部分省份，包括蔡国强的家乡福建泉州，对那里文化的多样性和醇厚古朴的民风留下深刻印象。这些旅行使我获得了独特的观察和叙述艺术与体验生命的方法。我对世界，对艺术，对未来抱有一个乐观的看法，我坚信艺术的本质总是在不断调整人类的思想和智慧，尤其是在科技迅猛发展，功利主义甚嚣尘上的今日社会。

我很幸运地得到了美国洛克菲勒基金会(Rockefeller Foundation)，亚洲文化理事会(Asian Cultural Council)的资金支持及两位艺术家的默契合作。巴德学院当代艺术策划中心主任诺顿·帕特金博士(Ph.D Norton Batkin)的两年耐心细致的指导，本展览计划指导教师、纽约现代艺术博物馆影视部策展人芭芭拉·伦敦女士(Barbara London)和巴西著名艺术策划人依弗·莫斯凯托(Ivo Mesquita)都对我的论文和展览提出了有益的建议和评论；另外，还有我的语言教师维维安·海勒女士(Vivian Heller)和我逐字逐句地推敲论文，我的房东著名艺术家乔治·夸沙先生(George Quasha)在摄像技术和生活上给予了支持与关照，这一切都使我受益非浅，并保证我顺利完成这一项目。特别值得一提的是，我曾居住过的小村(Barrytown)虽然很小，仅有二十几户人家，但却有非同寻常的艺术氛围，约翰·凯奇(John Cage)在这里住过，并经常来找迪克·黑金斯(Dick Higgins)和艾尔荪(Elson)夫妇，这对夫妇在30年前，曾是欧美激浪艺术运动的骁将，他们提出过在当代艺术实践与理论中有广泛影响的"互动媒介"理论(Intermedia)，为媒介和装置艺术、艺术与科学的实验提供了理论基石。他们曾经是我的房东。著名的视频装置艺术家加里·黑尔(Gary Hill)是乔治·夸沙先生的长期合作伙伴，他曾在Barrytown住过很长时间。我的展览和论文是在他们支持和鼓励下完成的，算得上是中美艺术家合作的产物。我在这里的学习、生活和工作也给这个位于哈德逊河畔的美丽小镇带来中国和东方文化的新气息。

纽约·哈德逊
1998年4月19日

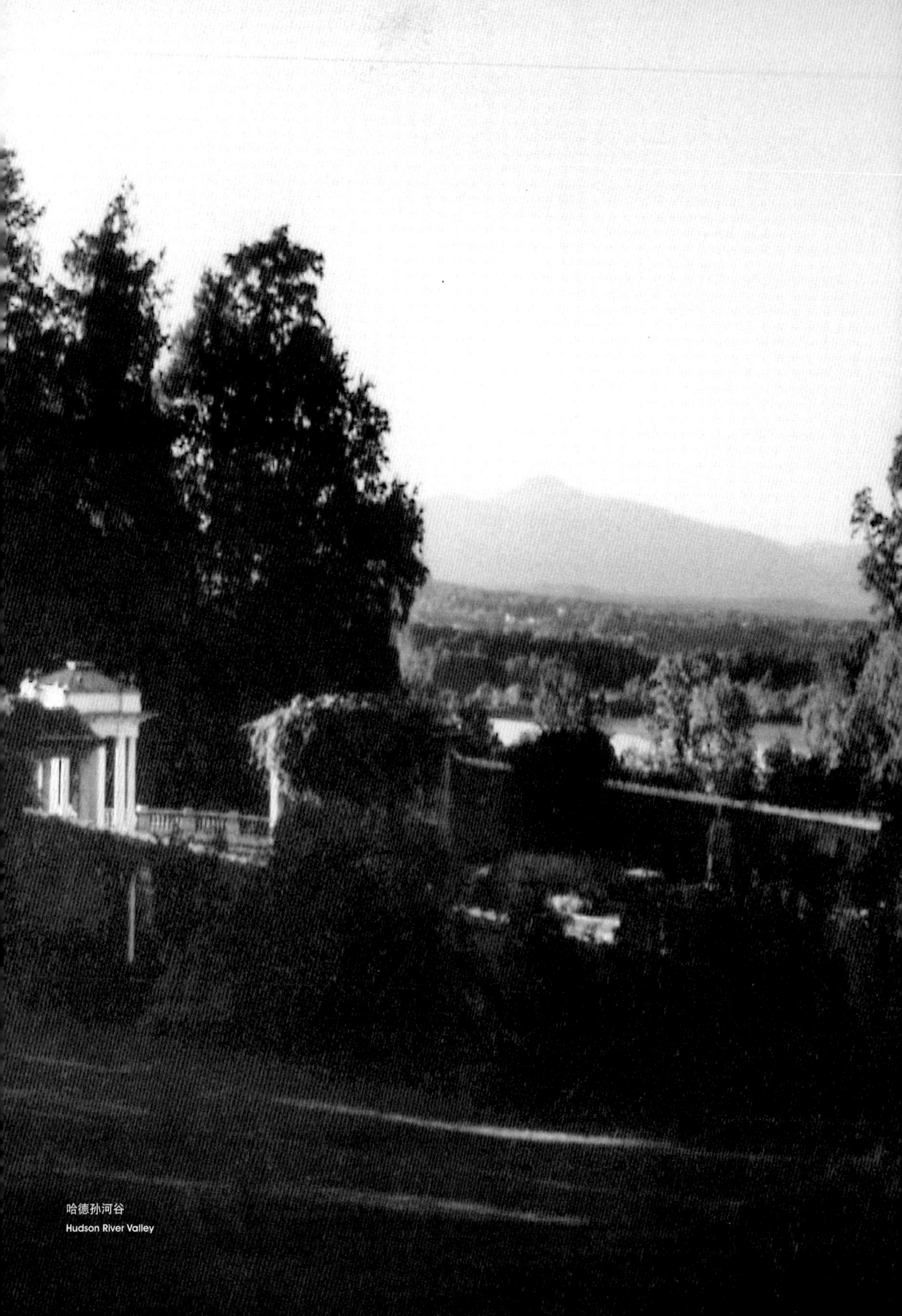

哈德孙河谷
Hudson River Valley

2 简介

进入90年代以来，随着中国在国际舞台上的日趋活跃与其经济的迅猛发展，中国新艺术在国际艺坛日趋引人注目。克莱格·克伦那斯(Craig Clunas)编的《中国艺术》(Art in China)新版于1997年，作为《剑桥艺术史》丛书中的一部，这本著作增加了当代中国艺术的内容。在同年出版的美国的艺术史普及教材《艺术的过去与现在》(Art Present Art Past)包括了中国新艺术的章节。自从1990年以来，许多各种类型的中国当代艺术展在世界各地开幕。世界各地的艺术爱好者们目睹了中国年青艺术家的作品。在新世纪即将来临的时候，中国新艺术 — 无论是来自中国，还是出自海外中国艺术家之手 — 都在迅速地崛起。中国在由旧体制下的封闭社会融入国际社会的急剧转化过程中，为发展中国新艺术提供了难得的契机和多种可能性。另一方面，经过艺术家处理，借用和整合过的中国思想，文化和智慧被广泛地介绍到海外。因为中国艺术家们的文化蜕变 — 尤其是在过去七年中来到国际艺坛的中国艺术家们的文化蜕变 — 代表了现实中国的改变，古老文明的改良、更新与复兴，及东西方文化的融合与相互渗透。这也是正在进行的资本全球化、文化艺术国际化浪潮中一个关键而耐人深思的问题。

蔡国强和徐冰都生活和工作在纽约。我对他们艺术的比较研究建立在考察他们之间的相似和差异的基础上。他们的相似之处不仅在于年龄、社会背景和经历的相似（都离开中国，最后落脚到纽约），而且也在于他们相似的指导思想和艺术方法论。徐冰生于1955年，蔡国强则是1957年，他们经历了文化大革命，都在80年代中后期的中国前卫艺术运动处于巅峰时涌现出来。徐冰生于一个传统知识分子家庭，并在北京大学校园内长大，而且被北京这个拥有800年封建古都历史、儒教占统治地位的文化氛围熏陶。徐冰毕业于中央美术学院这个毛泽东时代的社会主义现实主义艺术家的摇篮，邓小平时代中国新潮艺术的策源地之一。这些因素都或多或少地影响了徐冰的艺术。蔡国强生于并成长在泉州，在那个被称为"海上丝绸之路"起点的东南沿海港口小城，多种宗教与文化并存，而道教显然占主导地位。蔡国强的专业训练完成于上海戏剧学院舞台美术系。上海的城市文化氛围与北京截然不同，一般认为，这个曾经是"东方巴黎"的远东大都会在近百年历史进程中，孕育了中国最先进的西方自由与民主的思想观念以及西方化的社会管理方法，其中包括后来成为统治思想的共产主义学说。因此，蔡国强的教育背景完全不同于徐冰。

到八十年代，在中国向世界开放之初，徐冰和蔡国强都是二十出头的年青人，那时，他们对西方现当代艺术几乎一无所知，至多知道一些印象主义或立体主义，但这一度是被主流意识形态所批判的西方资产阶级堕落的形式主义艺术样板。他们知道最多的非中国艺术也仅限于俄国和前苏联艺术，出于政治宣传和意识形态控制的目的，这些艺术都被当时的有关当局大力提倡。

蔡国强和徐冰作为他们这一代艺术家中的佼佼者，所呈现出的惊人的相似和强烈的反差激起我研究和比较他们的冲动。他们共同拥有一个起点，但他们的差异使这种比较更富于戏剧性。

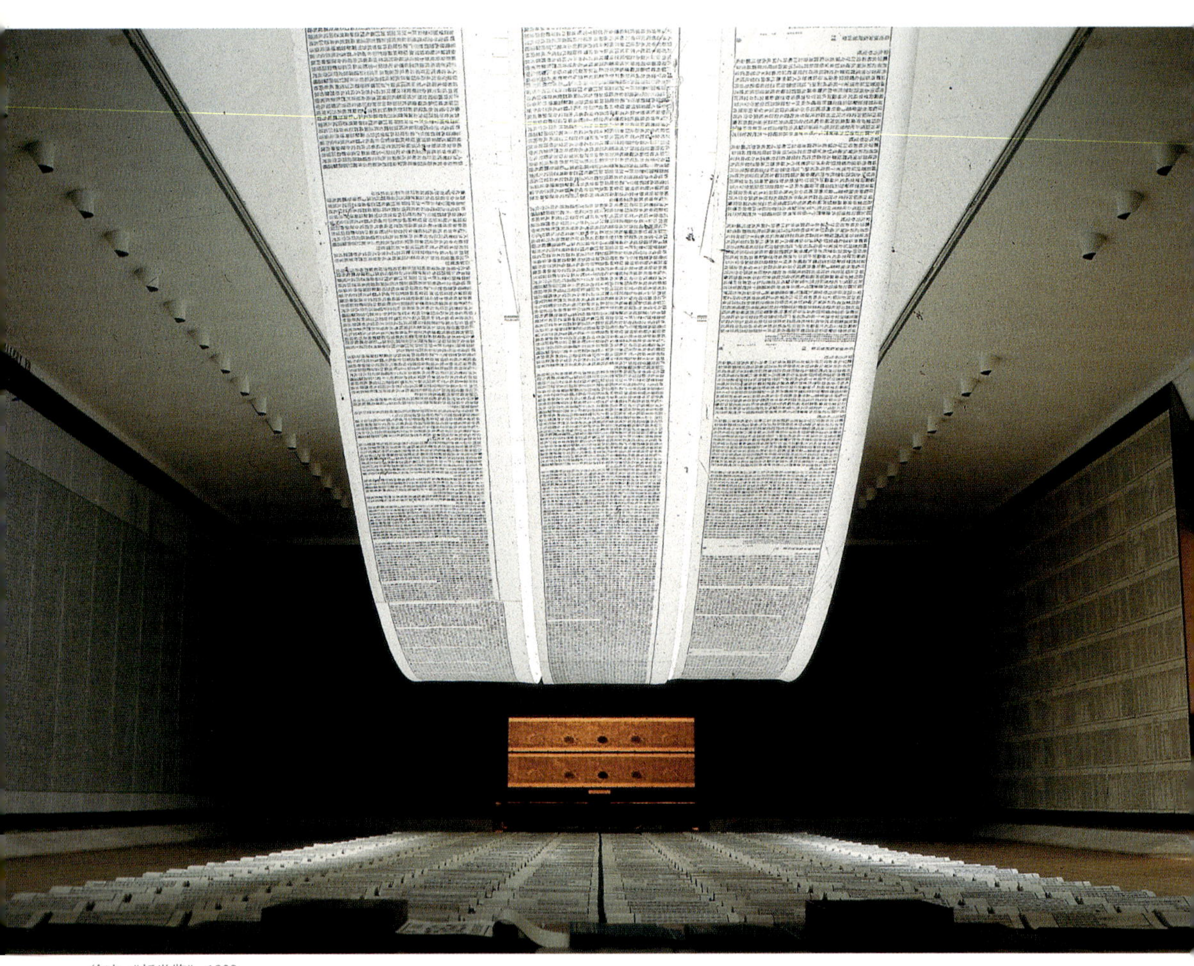

徐冰 《析世鉴》 1992
Xu Bing: *Tianshu (Book from the Sky)*, 1992

3 80年代的徐冰和蔡国强

从60到80年代的二十多年间，中国经历了一个个剧烈的社会历史变迁，从毛泽东时代的封闭和冷战到邓小平时代的改革与开放，从文化大革命到八九事件，从“四人帮”时期的文化专制到半西方化的初步文化多元主义。这个时期，随着经济建设的加快，中国经历着迅速的商业化、城市化、私有化和国际化的转变。这二十多年发生了前所未有的社会结构的重组和调整。

由于社会政治原因，这二十年中，中国的主流艺术也经历了多次演变，包括社会主义现实主义、社会批判现实主义、现代主义和前卫艺术几个阶段。无疑，这些艺术潮流都在蔡国强和徐冰的艺术发展中打下深深的烙印。

八十年代徐冰及其《天书》

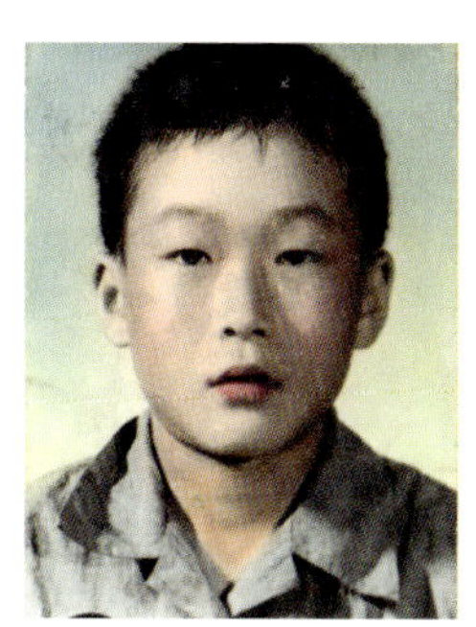

少儿时代的徐冰 1963
Xu Bing in 1963

如前面陈述过，徐冰在北京大学的校园中长大，那里是中国国学的荟萃之地，不仅拥有大量珍贵的历史典籍和藏书，而且许多才华横溢的国学大师都在校园里生活和工作。其中许多人是徐冰父母的同事，例如政治学教授赵宝煦，法国史教授张芝联，文化史学家张汉清。因此，徐冰可以和这些文化精英相接触。在我对他的一次采访中，徐冰回忆说赵宝煦教授收藏有一大批中国艺术品和艺术图书，张芝联收藏有一大批法国和俄罗斯的艺术画册。文革期间，因为徐冰对艺术的特殊兴趣，其中的许多书和画册都送给了徐冰。徐冰自幼十分景仰这些著名知识分子，包括他们的勤奋，他们的敬业，他们的献身精神和非功利主义处世态度。但这些人物都体现了传统知识分子的许多侧面。例如，一位考据学者陈先生用几年的努力只是为了注疏一本元代典籍。因为他的母亲在图书馆学系工作，所以徐冰有机会去她的办公室和图书馆，见到各种各式中西方图书的设计，装订，印刷，甚至插图和版式。徐冰对此怀有浓厚的兴趣，他还对中、西文的词源学和词态学

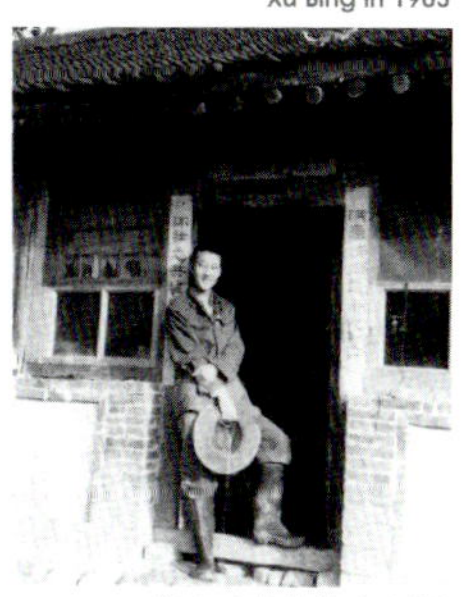

青年时代的徐冰 1969
Xu Bing in 1969

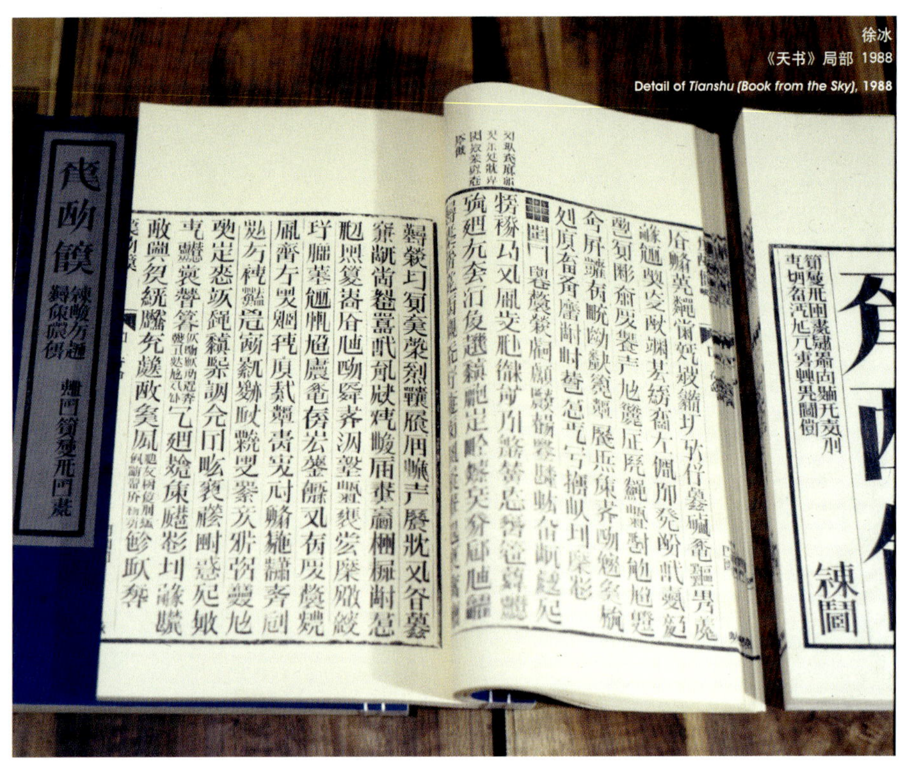

徐冰
《天书》局部 1988
Detail of *Tianshu (Book from the Sky)*, 1988

及中国的古文字十分感兴趣。 他说自己那时发现一个十分令人着迷的世界。他把自己沉浸在这个笼罩着文化氛围的环境中，这对他日后的艺术发展起了关键的作用。

当文化大革命的星星之火于1966年夏天在北京大学校园内点燃时，徐冰刚满12岁。他目击了一个恐怖的政治动乱：武斗在校园里发生，教授被批斗，甚至许多人自杀身亡，学生与老师之间，左派与右派之间，普通人与领导之间都爆发了激烈的冲突。尤其是相互攻击和指责的大字报今日无处不在的广告一样贴满校园的每一个角落。 由于受到“四人帮”的支持，大字报迅速漫延全国，成为文化大革命的一个显著标志。同时，大字报也成为歪曲事实，相互攻奸的武器，出于政治目的，中国的语言文字被彻底地滥用，徐冰对中国语言文字的感觉变得更加复杂。

整个八十年代，徐冰在中央美术学院完成了他的艺术学士和硕士学位，并留校任教。八十年代中期，一股“文化热”在粗制滥造翻译出来的西方文化典籍的催动下，于青年学生和知识分子之中传染开来。许多人卷入无休止的东方与西方、传统与现代的激烈论战。作为中国顶级学府的北京大学成为这一文化热的中枢。也就在同时，可称得上是对西方现代艺术实践和理论的回应的中国新潮美术也出现了。徐冰所在的中央美术学院成为这一美术运动的中心之一。 徐冰和北京大学与中央美术学院的密切关系使他拥有其他艺术家所不俱备的优势，并赋予他对中国前卫艺术的独到见解。

在学习过程中，徐冰发现了安迪 · 沃霍尔（Andy Warhol）。沃霍尔用版画手法复制商业和大众文化符号的做法使徐冰重新思考传统意义上的木刻，他进而意识到传统的木刻版画和艺术手法已与今日迅速变化、五光十色的现实生活格格不入。在他的硕士论文中，他提出复数性是版画的本质所在，版画艺术对社会的影响通过大量迅捷的复制和传播而实现。而复制的过程本身就是现代社会和大众文化的一面镜子。他写道：

"作为一种非直接性绘画，版画艺术通过建立在艺术家的意愿基础之上的限定性手法来实现，通过印刷将印痕转移到纸面上。因为这些印痕都来源于同一个版，版画艺术是可以重复的，变成一种"复数性图像，复数性和规定性是版画区别于其他画种的两个基本而关键的特征"。❶

在这种观念的指导下，他开始探索个人化的现代艺术语汇，以表达他对中国文化、历史、社会现实和西方现代艺术的思考。

1988年10月，徐冰的第一件重要作品《析世鉴》在北京中国美术馆展出，这件中国前卫艺术的里程碑式的作品在中国的知识界和艺术界产生巨大反响。在展厅里，数百米长的类似经卷的老式典籍挂在房顶，有的垂下来，有的贴在墙上，或者铺在地面，既象文革中扑天盖地的大字报，又如同敦煌石窟新发现的佛经宝藏。这件作品的任何一个细节都完美得无可挑剔，从他所刻的每一个字，每一页印刷，每一个装订，还有精致的设计及考虑周到的展示布置，使作品本身构成一个类似神秘迷宫一样的装置。然而，其更荒诞之处在于每一个字都是无意义、不可识的。因为《天书》(《析世鉴》的俗称）所表现出的对中国语言文字的创造性运用，其独树一帜的表现方式，讽喻性的功能及徐冰两年足不出户的手工劳作，都使这件作品在海内外艺术界获得广泛认可。

用解构的方式来处理中国的书写文字在80年代新潮艺术中是十分流行的一种方式，例如谷文达，吴山专和黄永砯。在《颠倒的字》中，谷文达反写中国的俚语、口号、广告用语等；黄永砯的《洗衣机》将赫伯特・里德的《现代绘画简史》同李小山的《现代中国绘画史》一起放到洗衣机里搅拌2个小时。

广泛但却是颠覆性地使用文字肯定与八十年代涌进中国的西方概念艺术有关，同时也与文革期间文字被大字报式的滥用有联系。艺术家们对于文字的使用不仅表明他们对荒谬现实的批判，而且也是对中国重文本的文化的反思。然而为什么唯独徐冰的《天书》在以后十年中一直精力旺盛地在世界各国的大博物馆扩张它的影响力呢？我认为，这首先在于与徐冰的独特家庭背景和成长环境，还有他个人对中国语言文字的迷恋和深入研究，及对中国历史的独特见解；其次，是他对西方现代艺术所秉持的独立思考的态度，尤其是他对安迪・沃霍尔的再发现；另外，还在于他对中国传统文化和西方现代艺术的批判态度和机智的操控。通过这件作品，徐冰找到了他所关注的问题是文本交流的误读与社会权力的功能与运转之间的关系。他的策略首先是集中关注和运用各种文化中的文字，并逐步扩大其范围。《天书》在徐冰的艺术生涯中是一件里程碑式的作品。

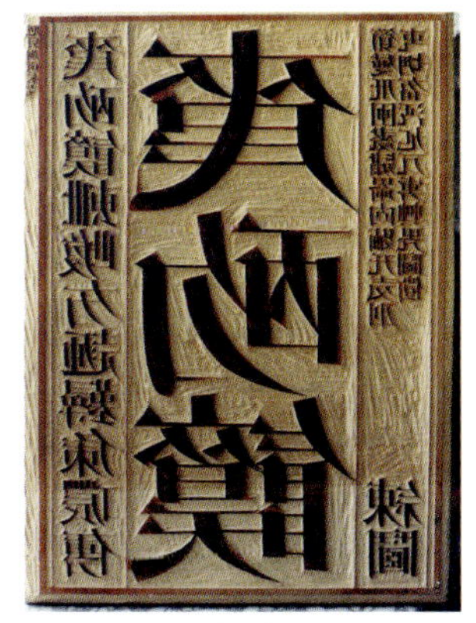

《天书》木刻板 1986–1990
A carved wooden printing block from Tianshu *(Book from the Sky)*

蔡国强：从中国到日本

蔡国强1957年生于福建泉州。在历史上，他的家乡与中国内地，亚洲和欧洲的许多国家保持着商业交往。这个在历史上十分开放的城市拥有不同的种族，宗教和文化，例如佛教、依斯兰教、印度教、基督教等。这种多样文化并存的城市显得开放，宽容和自由，这一点明显地区别于中国其他城市，无论其位于内地还是沿海。泉州的这种文化多样的氛围熏陶出蔡国强那与同辈艺术家截然不同的艺术气质。

泉州还保留着丰富的民间艺术，例如木偶戏，花灯和石雕。所有这些艺术都会在节日中展示出来，蔡国强还对家乡生产的各种烟花爆竹情有独钟，这使童心一直未泯的蔡国强埋下用火药做艺术的种子。在他的孩提时代，泉州一直暴露在台海战争的前沿，战争的炮火、硝烟和爆炸的巨大威力都镌刻在他心灵深处。对于少年时代的蔡国强而言，火药不仅联系着历史和现实、欢乐与痛苦，当然，还有关于火药爆炸的梦幻和能量巨大的想像力。

在1981年，即他24岁那年，蔡国强考入上海戏剧学院舞台美术系。上海在近百年中是中国最为西方化的城市，因为从1862年到1943年，上海的许多地区曾被西方国家所控制，西方的文化思想也在这里得到广泛传播，例如个人主义，人文主义，殖民主义和注重实利的商业色彩。这是为什么在席卷全国的文化热和新潮美术浪潮中，上海一直保持相对平静的原因。并非因为上海仅是个商业城市，而是因为上海的艺术家更富于理性意识和个人色彩。这样的文化环境使蔡国强一直在探索自己的艺术，从1982～1985年间的每个暑假，他都单独去遥远的地区旅行，包括新疆和西藏，他也曾沿长城和黄河旅行以探索中国文化、历史和艺术的本质与起源。有的旅行使他萌发了几年后完成的大地艺术的念头。在同时，他在探索火药画，这来源于他童年的记忆和寻找"一种富于释放感的媒介"的动机，他尝试将火药爆炸的痕迹传达到宣纸或画布上。

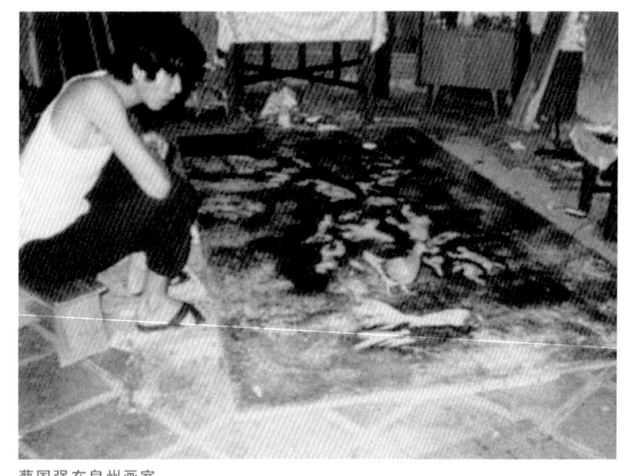

蔡国强在泉州画室
1985
Cai Guo-qiang in his Quanzhou studio
1985

1986年的冬天，为了探求"现代艺术真谛"并寻找更为自由的艺术表达，蔡国强来到日本。到90年代初，经过数年的艺术研究和探索，蔡国强的火药绘画和室外爆炸作品吸引了来自大众传媒和艺术批评家的注意。一些日本评论家认为蔡国强的艺术探索可以被视为闯入国际艺坛的有效策略。

蔡国强受日本当代艺术的影响很深，尤其是"具体小组"(Gutai Group)和"物派"(Mono-ha Art)的影响。具体小组出现在50年代中期，其活动一直持续到80年代中期。具体小组的艺术实践者们完成了许多纯用自然材料的室外作品，例如用泥土、木头、丝织品、布料、纸。他们将作品带到美术馆外，在阳光中接受雨雪冰风的大自然洗礼，以期达到“自然”的境界。具体小组的艺术家们相信，艺术家应该从本民族文化资源和哲学传统中寻找灵感。“物派”是一个改变了日本当代艺术史进程的艺术家群体，他们在当代艺术实践和理论话语中，将亚洲作为观察问题的出发点和当代艺术的中心而非欧美中心主义的边缘地带。他们在当代艺术探索中试图寻找“亚洲性”。物派的建立者之一，主要的理论鼓吹者李禹焕将中国老子思想与西方当代哲学家莫洛·庞蒂和福科的思想结合起来，试图重新确立日本新锐艺术的文化认同。战后的这两个重要的日本当代艺术流派对蔡国强找到自己的艺术方法论和策略起到不可忽略的作用。

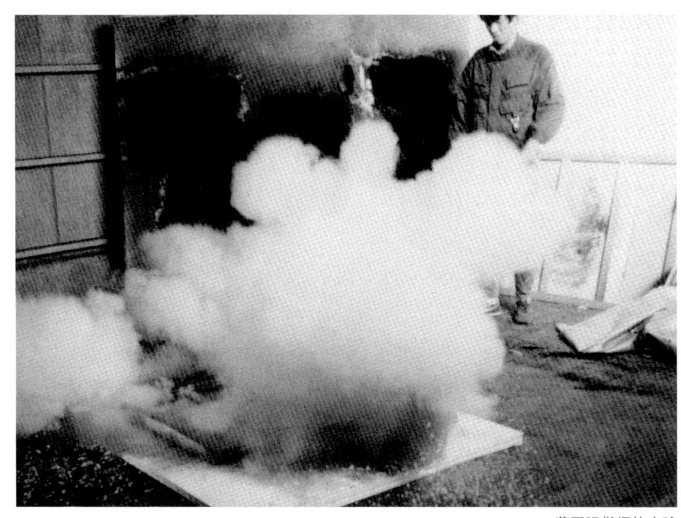

蔡国强做爆炸实验
1988 日本
Cai Guo-qiang experimenting with gunpowder in Japan
1988

进入90年代以后，蔡国强完成了一系列的室外爆破计划及个人展览。其中最有影响的莫过于《为外星人所做的计划》的系列作品，这一系列计划的实现得益于东京的“P3艺术与环境”的大力协作与支持。根据日本学者富井玲子博士(Reiko Tomii)的研究，蔡国强的系列作品可以为天、地、人三个门类。我愿借用她的概括来进一步分析蔡国强的艺术。❷

第一类“天”被生动地体现在蔡国强的系列作品《为外星人所做的计划》中。这些规模庞大的地景艺术来源于他的火药绘画。这些系列作品的共同特征是使用火药，在户外完成，规模往往比较庞大，注重过程及空间和时间的运用，往往要求为数众多的合作者及观众的积极参与。《为外星人所做的计划》的第十号《万里长城延伸一万米》于1993年2月27日完成，实施地点是长城的西部终点嘉峪关前戈壁沙漠地区。为了完成这项计划，蔡国强使用了六百公斤火药。一个长达一万米的火药导火线以嘉峪关城门为起点一直向西延伸，而且每隔三米有一个小爆炸，每隔一千米有一大的爆炸，看起来象烽火台滚滚狼烟的传递。当作品被点燃时，大约五万名当地观众目击到一个象龙卷风一样的，由连续性爆炸所形成的火龙自东向西冲去。这个作品是在“P3艺术与环境”支持下完成。除此之外，蔡国强还在日本动员了一批志愿者组成实施工作团来完成这项计划。在游说之下，他还获得了当地政府及驻军的允许和支持。从它的巨大体量的空间延伸性看来，这件作品象罗伯特·史密斯(Robert Smith)的《回旋的防波堤》(Spiral Jetty)和克里斯多(Christo)的《奔跑的屏障》(Running Fence)；从对于光的运用来说，与德·马利亚的《雷电场地》有异曲同工之妙。然而它的特殊性在于，一但作品完成，它并不留下任何实体，而是留在人们的记忆中，并在永恒的宇宙中，以光的形式持续地传播。

从中国人或日本人的眼光看来，蔡国强成功地激起东方人挑战西方的欲望。在长城的西部终点，火药爆炸所形成的硝烟，火光和巨大声响造成了一个东西之战的幻象。历史上，中国人的历次西征多从这里出发，而抵抗西方入侵者的战斗也首先在这里发生。在中国人眼里，这里总是中外征战的沙场。而且在日本志愿者开始布置爆炸现场之前，蔡国强让他们饮用中医的汤药，这具有身体上、精神上和心理上的功能。用蔡国强的话讲，在这种药里凝聚着先人们的智慧和神秘的力量，因此他也将饮用中药作为其作品的一部分。在这个作品的说明中蔡国强写道：

> 一万米的爆炸火线和所形成的气场将会唤醒沉睡千年的古老长城。❸

另一方面，蔡国强设计这件作品的策略又与《孙子兵法》中强调"天时、地利、人和"的战术战略原则相吻合。蔡国强的"天时"是中国政府正动员人力物力来修复长城，其"地利之便"是象征着东方扩张和长城的西终点，最后通过鼓励亚洲人同西方竞争的雄心来统一人们的意愿。

正如克里斯托在他的作品中使用布障与他"幼年时经历的苏联进攻保加利亚……及早年他在布拉格学习戏剧舞台设计有关"。❹ 蔡国强对火药爆破也与他童年时对烟花爆竹的迷恋密切关联，同时也与60年代台海战争有关。然而蔡国强对"瞬间永恒"的追求却截然不同于克里斯托的"真实的东

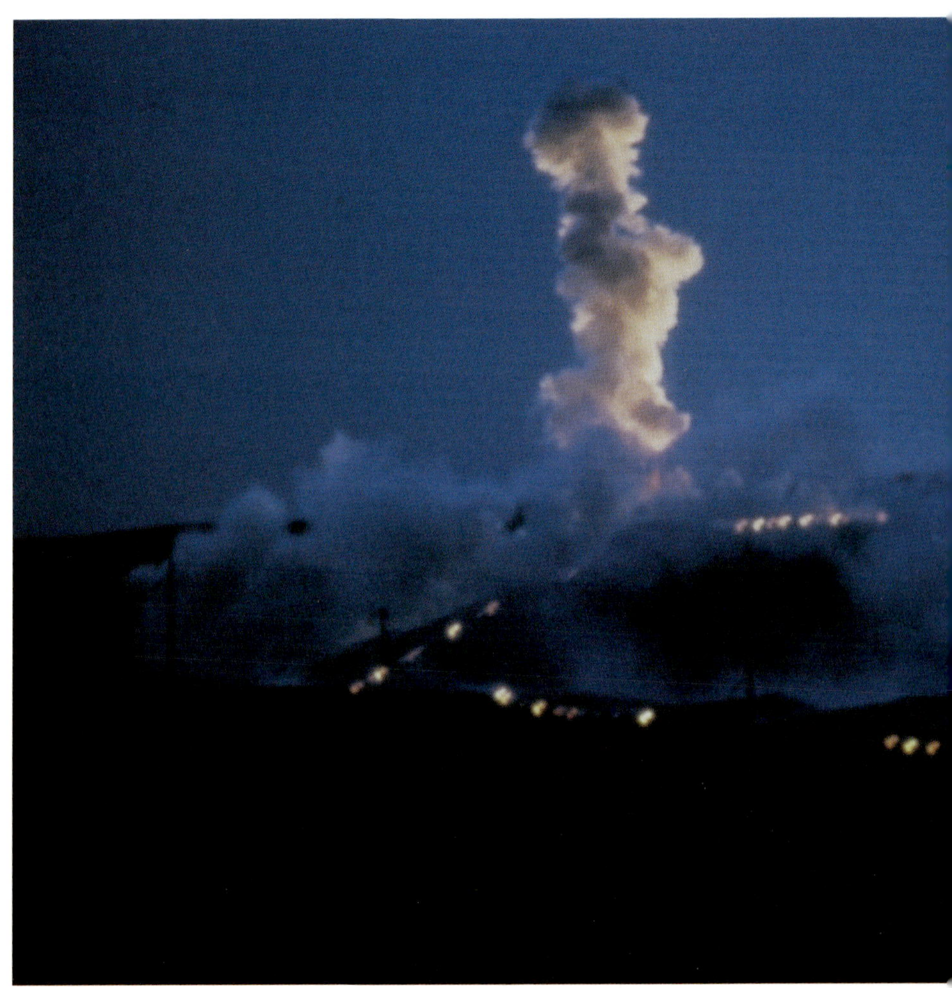

西”的追求，❺ 虽然两位都来自于前共产主义阵营国家。而在这一点上，蔡国强的作法与德·马利亚的“无形的是真实的”的想法不谋而合：其渊源都就是庄子的“大象无形”的东方辨证思想。显然，蔡国强试图用炸药的爆破来作为“气”概念的具体表现，并作为日益强大的东方文明的文化复兴的象征。

获得当地中国政府的支持，来自于他迎合当地政府官员心态的另一个手法，为了响应邓小平的号召“爱我中华，修我长城。”许多长城沿线的各地政府出于爱国主义宣传辞令和开展旅游的功利目的，都纷纷修复许多废弃和坍塌的长城。因此，蔡国强那富于想像力和建设性的想法自然会得到当地政府的支持。

在这件作品中，蔡国强不仅运用了“具体小组”运用天然材料和在自然环境中展示作品的观念，而且也创造性地实现了“物派”强调当代艺术作品“亚洲性”的主张。用“具体小组”的方法论而强调作品的社会作用，在这一点上又结合了波依斯的观念。虽然这件作品看起来也像罗伯特·史密森和克里斯托的大地艺术，但其瞬间即逝的特征和观众的广泛参与又使之区别于其他的大地艺术品，并赋予强烈的东方色彩和中国特色，例如禅学中的“瞬间永恒”和文化大革命中毛泽东大力倡导的“群众运动”。

在这件作品实施的过程中，蔡国强成功地实现了波依斯的“社会雕塑”的艺术观念。在作品的准备和展示阶段：蔡国强为每一位参与者和目击者提供一次实现梦想、释放压抑和重新感受并体验世界的机会，而且这个机会是通过大胆的、富有创造性和挑战性的方式实现的，正如波依斯所言：

> 我把自己看作世界的真实关系的启蒙者，艺术家不仅要发明什么东西，而是要关系。❻

蔡国强
《万里长城延长一万米》
1993

Cai Guo-qiang
Project to Extend the Great Wall of China by 10,000 Meters
1993

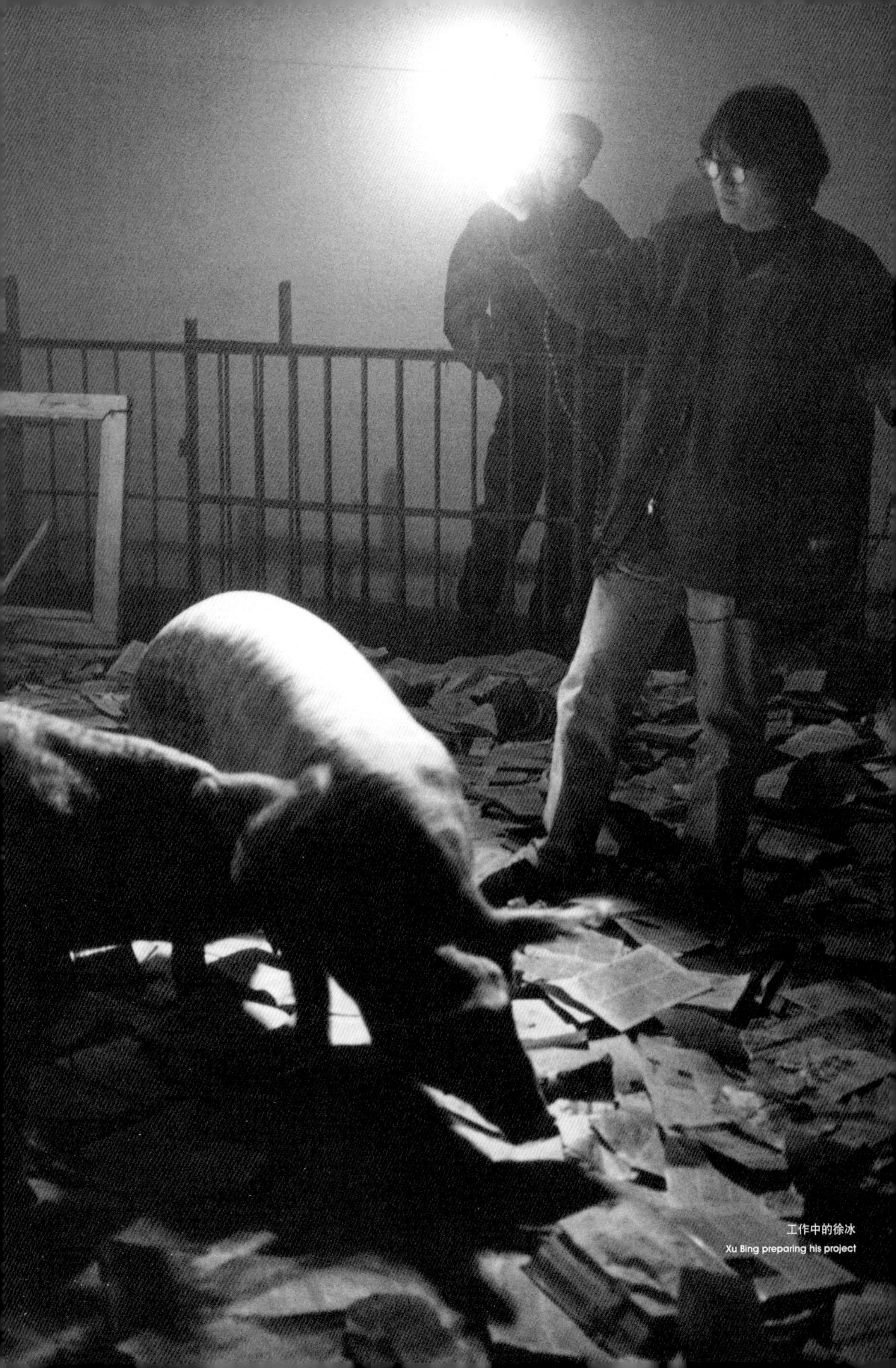

工作中的徐冰
Xu Bing preparing his project

4 徐冰在美国

从1990年徐冰到美国之后，他一直用从《天书》开始关注的对文本的误读问题来做艺术的文章。他的新艺术作品不可避免地融入了他的跨文化生活经验及对东西方相互关系的看法。

生活和工作在美国这个资本主义世界超级大国，徐冰面对一个与60～80年代的中国截然不同的世界。虽然中国从1980年开始对西方世界采取开放的政策，徐冰仍然强烈地感受到中美两国在文化、政治和经济及意识形态方面的巨大反差。他面对一个新的艺术环境：一个高度发达的艺术实践与操作体制，一个多面的艺术批评机制，及经受过复杂的审美眼光训练的大批观众。这种反差使徐冰觉得有必要针对这一环境完成新作品，以表达他对文化跨越的新鲜经验。

1994年，经过认真而精心的准备，徐冰在北京的一个实验艺术空间完成了新作品，名为《一个转化案例的研究》。作品的内容是一对种猪在铺满书籍的围栏里进行交配，并被在场的大约二百多名观众所目击。公猪的身上印着英文字样，却是不可辨识的罗马拼写字母，母猪身上印着《天书》中的文字。表演进行了四个小时，直到两只猪都筋疲力尽。在场的许多观众感到震惊和尴尬。以后有关这件作品的图片和录相带在世界各地广泛传播。

这件作品显而易见地包含着两组我们通常思考和使用的概念：东方与西方，动物与人。传统中国学者认为东方文化属阴性，负面的，被动的和弱势的，而西方则属阳性，积极、主动和进攻性的。这样的观念也体现在徐冰的这件作品中，而且也借指美国在全球经济现代化过程中在政治、经济和文化上所占据的支配权。至于作品中所指涉的人与动物的关系，我认为它至少包含以下三层含义，首先指的是人和动物都共同拥有的性本能，让目击者思考人的文化性和动物性的关系。第二它指涉西方与东方的互动关系，特别是那个曾经著名的但现在已是陈辞滥调的“西方挑战，东方回应”的理论。第三它包含着生命的竞争与发展及物种繁衍的张力。从这件作品开始，徐冰在他的作品中使用动物，强调它们本能的生理过程，并赋予他对美国文化的某些侧面的认识，如性自由和解放，以及由欧美中心主义体现出来的美国的文化霸权等等。

徐冰的第二件重要作品叫《新英文书法入门》，是一件从语言文字系统进一步思考中西文化关系的尝试。借助于语言学和解构主义的理论，并参照中、英文的书写习惯和规定，这件作品试图在当代艺术情境下完成一个游戏，游戏规则包括艺术家的策略、策展人的嗜好和观众的期待和参与。徐冰的基本想法是要在这件作品中融合东方的方块字与西方的拼写文字，在参与者按艺术家的要求书写这种新型英文书法时造成一种十分独特的心理反应。

这件作品通常安装在一间普通教室里，一排排桌椅排列在教室内，上面有艺术家设计的范本和描红字练习本，这看起来很象中国小学生的书法课教室，同时还要使用中国毛笔和墨汁。一个由艺术家编辑的录相带在电视里播放，告诉参与者如何使用，每一位参观者被邀请坐下来练习这种"书法"。当人们练习时，发现这个看起来象中国字的实际上可以被英语使用者看懂。《新英文书法入门》要求书写者按中文的组字方式和书写习惯来写英文。母语为英语的读者可以学一种新的英文书写系统，同时练习中文风格的英文书法。这正如西方人所迷恋的中国功夫、太极拳、中药、针炙和风水，对他们而言，这十分富有异国情调的味道。东方的参与者遇到一种类似中文的全新的书写方式：在这件作品中，英文与中文、可读与不可读、意义和无意义，机智与荒唐自然而巧妙地结合在一起。无论其文化背景如何，他必须调整以前的文字书写与认知习惯以适应新的规范与要求。

这件作品可以被认为是对西方语言文化的进一步思考。徐冰用解构式却又十分武断地方式来颠覆英文的书写，并以此来挑战拥有霸权的英文。通过观众的积极参与，这件作品创造性的融合了东方与西方、中文与英文。在当代艺术潮流和通行惯例中玩出了富有中国智慧的新花样。

福科(Foucault)认为，对语言的运用代表了一种政治力量和统治权。显然，大英帝国的三百多年的殖民历史将英语推广到世界各地，当前正在愈演愈烈的国际化和全球化浪潮，从信息和语言交流及资金流通的角度来说，即是美国化过程。在中国，中国政府有关部门在几十年前曾拟将西方式的拼音文字来取代流行几千年之久方块字，因为有的学者错误地认为罗马拼写文字优于传统中国的方块儿字。然而，计算机技术的新发展证明中文的输入在文本计算机化的过程中甚至优于英文。在另一方面，越来越多地中国学生和年青的知识分子将英语视作他们事业的关键，从而相应地忽略了中文的学习。因此，从某种意义上说英文在中国的广泛流行和中文的失落可以被看作一种显而易见的文化殖民，一种后殖民主义在日趋国际化的中国社会中的重要表现。

徐冰《文化动物》 1994

Xu Bing
Cultural Animal
1994

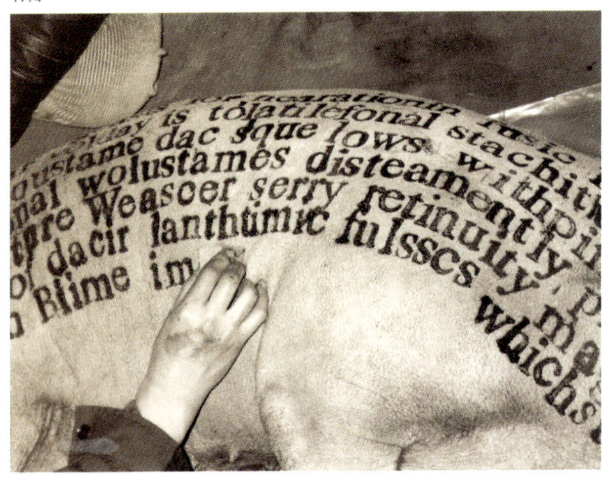

徐冰把这种情形完全颠倒过来。他借用当代艺术的游戏规则和力量，使西方人按写中国字的方式来书写英文，而且是非常传统的中国标准文化训

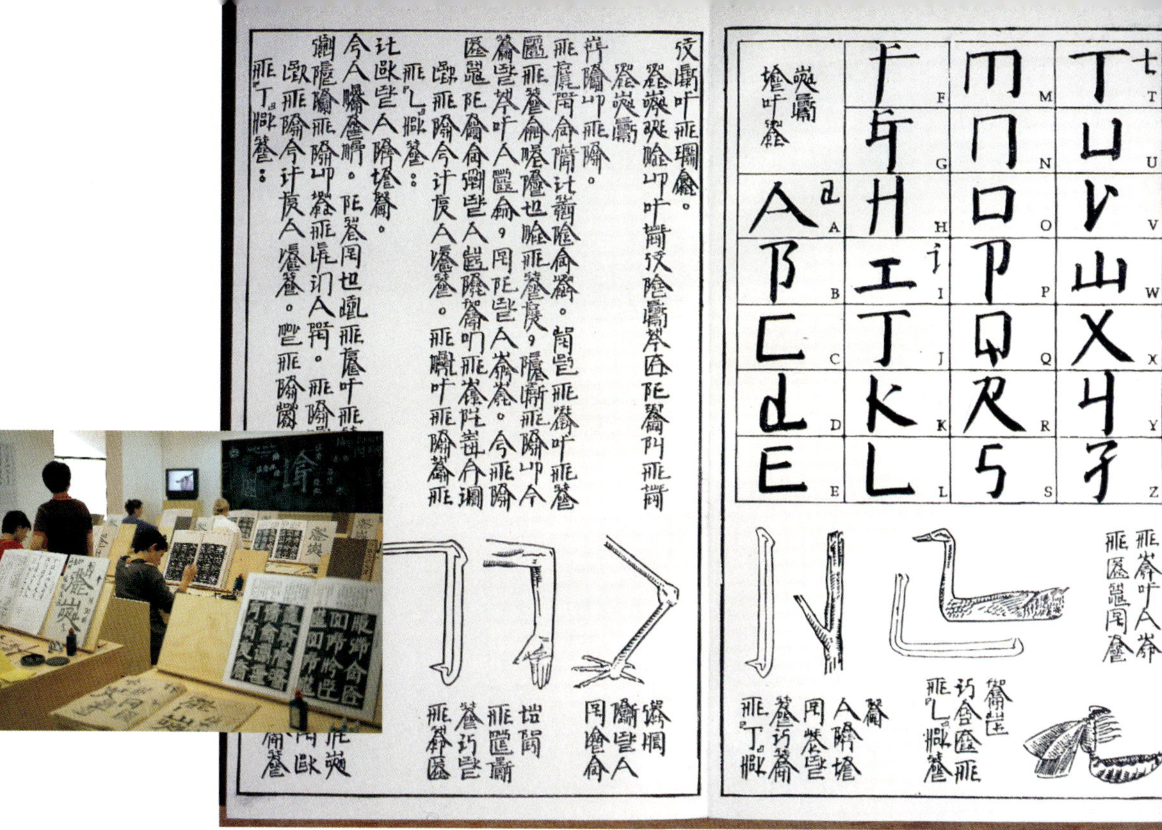

徐冰
《新英文书法入门》1995—1998

Xu Bing
An Introduction to New English Calligraphy
1995-1998

练基础"描红字",描一种看似大楷一类的古老中文。这在现行的中国基础教育体系中被认为是一种行之有效的保存中国文化认同的方式。在我对他的一次采访中,他告诉我:"这种文字即陌生又熟悉,不管东方还是西方的读者,面对它时都会有文盲的感觉(知识欠缺之感),现有的关于'英文'及'中文'的知识概念受到挑战。"❼ 而且当他在世界各地的博物馆和艺术展上推广这套《新英文书法》时,他说:"仿佛是解放初期大规模的扫盲运动一样"。徐冰在这件作品中混淆了中英文的词与意义系统,按索绪尔所界定的语言学规范来混合图形与发音系统。不论参与者的文化背景怎样,这件作品似乎在告诉参观者,语言规定的世界和当代艺术领域是多么奇怪、荒唐和令人激动,特别是当东西方文化相互融合、渗透和重构时。

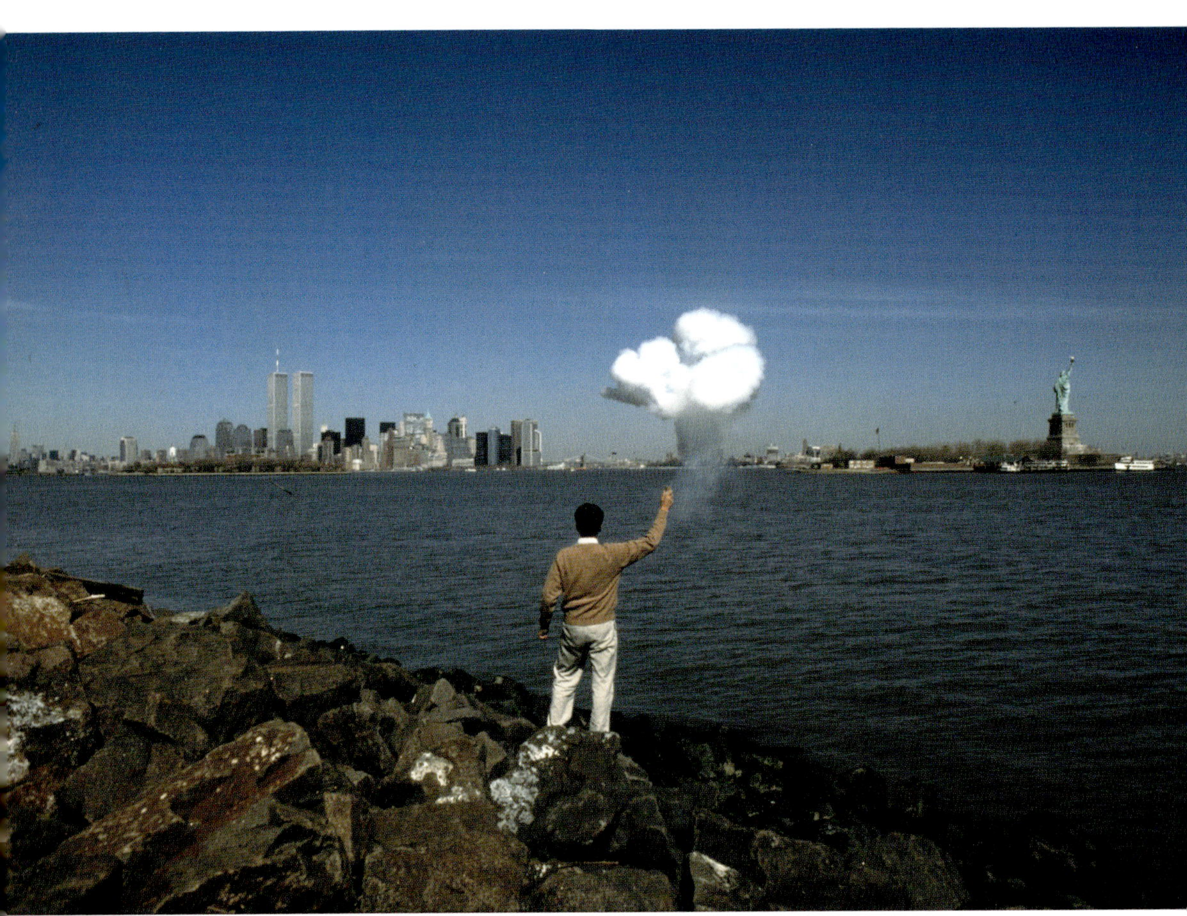

蔡国强
《世纪蘑菇云：为二十世纪所做的计划》
1996

Cai Guo-qiang
The Century With Mushroom Clouds: Projects for the 20th Century
1996. Photo by: Hiro Ihara

5 蔡国强：从日本到美国

在美国亚洲文化理事会的资金支持下，通过P.S.1国际艺术工作室计划，蔡国强一家人于1995年冬天来到纽约。在过去的三年中，他的作品参加了许多重要的国际艺术展，一些个展也在欧洲和美国举行。在这一时期，他集中完成了第二个系列《为二十世纪所做的计划》。

这一系列的第一件作品名为《世纪蘑菇云》。和他以前的《为外星人所做的计划》相比，这件作品的规模相当小。他只是分别在内华达州的原子弹试验基地和曼哈顿的高大楼宇前，用火药制做了两个小蘑菇云。这件作品是对本世纪原子弹爆炸及核战争威胁全人类的反思。

蔡国强从唯一遭受过原子弹爆炸袭击的日本来到美国这个原子弹的诞生地与核武器大国。对日本人而言，在日美之间的关系中，原子弹爆炸的惨烈记忆是个永远难以愈合的伤疤。在冷战之中，核战争一直威胁着全人类的命运。蔡国强选择内华达州的盐湖城这块第一个原子弹试验场做蘑菇云，就是为了提醒人们不要忘记这块被原子弹爆炸所揉躏毁残和严重污染的土地。曼哈顿前的蘑菇云则暗示人们，再壮丽奢华的人类当代文明在原子弹面前也是脆弱无比的。正如蔡国强所言：

> 蘑菇云是人类制造的最大的尴尬，一方面它是最为壮观的人造物，另一方面，它又将人类推向地狱的边缘。[8]

通过在纽约市和内华达原子弹基地复制小型蘑菇云，蔡国强从政治经济、历史和现实的角度重新审视日美关系，这样小小的蘑菇云就包涵了重大的社会历史内容。在这件作品中，蔡氏仍然使用火药，但却变化了方法论并赋予新的意义。这是他到美国后完成的最初一件火药作品，显示着他的关注重心由倾向视觉转向内蕴，从关注天空走向社会生活。

《文化大混浴》是《为二十世纪所做的计划》的另一件重要作品。作为他在美国的首次个展的重要组成部分，这件作品出于1997年夏末在纽约的皇后艺术博物馆展出。这是一件受场地限制且主题先行的装置。场地是博物馆内一个巨大而不规则三角形的高层空间，主题是有关纽约皇后区复杂的人种混居的人口结构，正如展览策划人珍·法华(Jane Farver)女士所言：

> 皇后区在二十世纪末的人口多样化是本世纪社会、文化及政治演变的结果。它可以预示下世纪初人类社会人种混合的某些特征。❾

正如作品的标题所显示的，这件作品是被众多的从中国运来的太湖石围绕的先进的浴缸，而这一切又都被一个巨大的纱罩笼罩着。浴缸里的温水泡着中国的草药，参观者被鼓励到浴缸中泡一泡，象征文化融合。

使用中国传统文化符号或象征物在海外中国艺术家中变成一种流行创作方式，例如陈箴、谷文达、黄永砯、徐冰等。蔡国强也以运用中国乡土材料或文化象征物而著名，例如他使用过龙、花灯、太湖石、古船、羊皮筏、中草药等等，而《文化大混浴》可以视作这种流行趋势的集大成者。

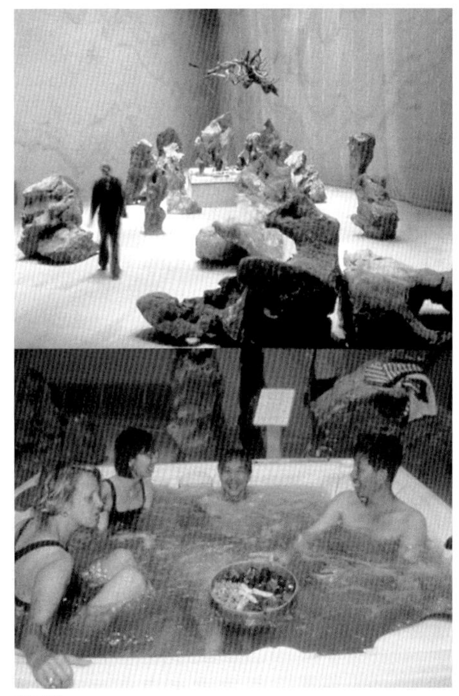

蔡国强
《文化大混浴》1997

Cai Guo-qiang
Cultural Melting Bath
1997
Photo by: Hiro Ihara

80年代中后期以来，许多年青的中国艺术家移民欧美，逐步脱离了加速转变中的国内社会现实。他们不可能再以中国的现实为创作和思考的背景。在另一方面，出于文化障碍，他们很难溶入所在国家或国际艺坛的主流。他们心中唯一可资依赖的思考和创作的材料是留存在他们记忆中的古代中国文化，因此运用西方当代艺术的策略、方法论来移植和改造中国文化符号成为他们自然的，共同的和迫不得已的选择。另一方面，西方观众和艺术机构或策划人对古老的东方思想和文化感到好奇，尤其对那些在西方艺坛贩卖假古董、假国粹的中国艺术家感到好奇，因为这满足了西方人自我中心主义的优越感，并不断寻找“来自古老中国的新发现”。❿ 因此，这种创作倾向的出现与流行在中国新艺术国际化的初级阶段是不可避免的。

从他对东西方思想与材料的结合及隐喻的含义功能来说，蔡国强的新作品获得了一些美国评论界的赞许。但从中国批评家的眼光看来，蔡国强在这件装置中滥用了传统中国文化符号。在这种观点看来，蔡国强并未从这些文化符号的编织的过程中创造性地赋予新的意义，仅仅是将这些东西堆积在一起，而且难免有迎合美国人对异国情调的迷恋情结。从这一点看来，和张艺谋的东方主义煽情电影有相似之处。有两点需要在这里指出，首先是蔡国强原想用中国文化符号来涵盖当代文化现象，但却失之于简单图解“文化大融炉”的概念。其次，这件装置迫使他自己和其他海外华人艺术家在东方主义创作取向上进入了困境。

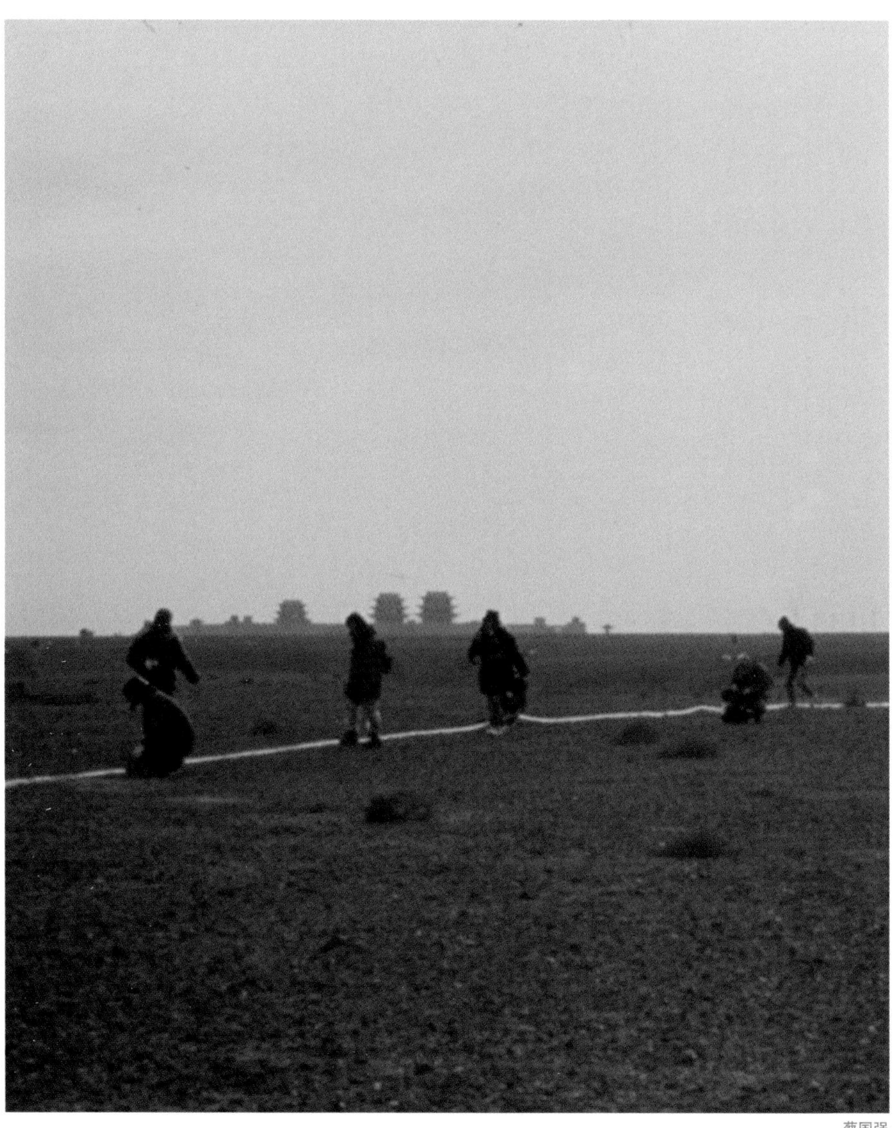

蔡国强
《万里长城延长一万米》
1993

Cai Guo-qiang
Installation of *the Project to Extend the Great Wall of China by 10,000 Metres*
1993

6 展览现场:《纽约蚯蚓室》和《蚕系列·开幕式》

蔡国强的《纽约蚯蚓室》

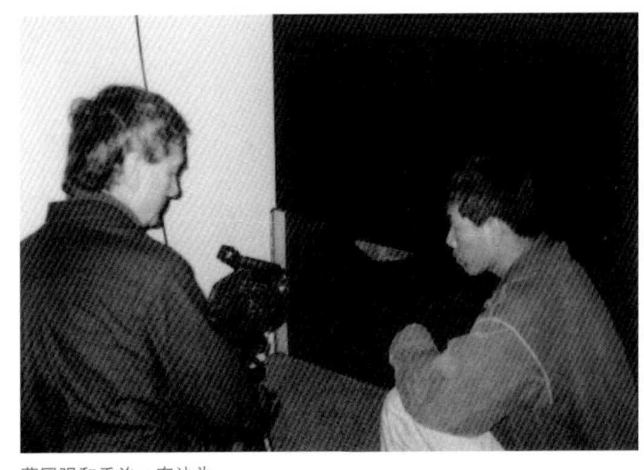

蔡国强和乔治·夸沙为展览做准备 1998

Cai Guo-qiang and George Quasha preparing the work 1998

蔡国强的新作品视像装置《纽约蚯蚓室》(The New York Earthworm Room),很容易让人想到沃尔特·德·马利亚的著名作品《纽约土地室》(The New York Earth Room)。这件作品位于苏荷区的美术馆内二层,从1977年建成以来一直对外开放,并由纽约迪亚艺术(Dia Center for the Arts)中心维持管理。蔡国强的新作品《纽约蚯蚓室》从名称和形态外观上都和原作十分相似,而且专按我的策划理念而设计完成,并和事先选定的徐冰的作品构成对话。《纽约蚯蚓室》布置在两间对称的展厅内,站在其中一间的门口,参观者见到数以千磅计的泥土堆满了整整一间约四十平方米的展室,土的厚度大约22英寸。一块高约24英寸的厚玻璃安装在入口处,它即是一个拦土坝,又是片可以观察的屏幕。所有这一切和《纽约土地室》完全相同。但往室内看去,纤纤青草已从土壤里长出,给这块已僵死板结的纽约土带来勃勃生机。一个由三脚架支撑的处于工作状态的摄像机正对着玻璃板,这样也吸引观众蹲下来仔细观看玻璃板,这时观众会发现大量的蚯蚓正在玻璃后的土层中轻轻蠕动。同步摄像机的黑色导线将观众引向并排的另一间展室。在里面,蚯蚓蠕动的情况放投射到巨大的屏幕上,看起来既像显微镜下的微生物世界,又象经过多年冬眠的小龙刚刚苏醒。

正象20年前沃尔特·德·马利亚所做的那样,蔡国强把土壤堆进美术馆的展厅,但与马利亚隔绝土壤的自然环境的处理手法相反,蔡国强把原件中几乎无机化的土壤变成了土地改良实验室,通过蚯蚓在泥土中的蠕动而恢复了土地的自然生态。经过自然改良后的土壤开始滋养生命，绿色植得以生长出来。

沃尔特·德·马利亚是位著名的受东方思想—尤其是《易经》思想—影响的当代西方艺术家。他是著名前卫音乐家约翰·凯奇的学生，凯奇的艺术思想和创作受《易经》的启发很大。实际上，马利亚的另一件著名作品直接叫做《360°易经 64 雕塑》。她的经典作品《纽约土地室》在70年代的纽约艺坛有重要的影响。评论家罗伯塔·史密斯(Roberta Smith)评论道：

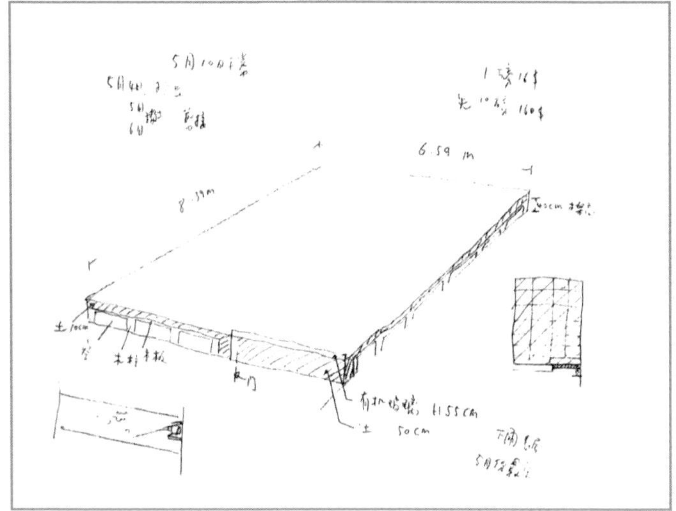

蔡国强 《纽约蚯蚓室》
草图
1998

Cai Guo-qiang
Design for *New York Earthworm Room*
1998

> 土地不仅是自然的艺术化隐喻，它实际上是整个自然的基础。但在纽约的一座画廊这个最“不自然”的人造环境中，这块土地又是那么真实，却又与自然截然相反……，它是个优雅的渎神手法，这消解了当代艺术中的一切人为的做法，去让人体验一种新的审美感受。[11]

马利亚将土壤移植到一个纽约的画廊 — “一个最不自然和人为的环境中”以及在《雷电场地》中自然与人工巧妙而富于智慧的并置，是她笃信《易经》的最好表现，体现了她对自然与人类的和谐关系的渴望。马利亚对纽约美术馆的“优雅的亵渎”的行为反过来又被美术馆和画廊体制所收编和招安，体现了当代艺术运作中的一个谬论，这表现在艺术家、艺术作品和艺术机构之间的关系中。蔡国强的新作《纽约蚯蚓室》则传达了他对这一现象的态度。

杜尚(Duchamp)的《泉》(Fountain)原本是他向“五美元就可加入艺术家协会并可参加军械库展览”的做法所开的玩笑，但这个“慕特先生”的平淡无奇的小便池转眼间成为现代艺术史上的名作。这无形中鼓励艺术家和艺术机构和体制捉迷藏和开玩笑，因此“反艺术”成为介入艺坛的策略，以反博物馆为宗旨的作品最后又在博物馆中展出。沃尔特·德·马利亚的《纽约土地室》可以被看作是这种现象极好说明。

《纽约蚯蚓室》的非长期陈列性表现出蔡国强对过分体制化的当代艺术实践提出的质疑。因为蚯蚓在土壤中的蠕动是不可重复的，它可以重新复制，但缺少与徐冰的作品的对话，其意义即将消弱很多，它很难被长期保存，因为长期保存本身就会使之还原为一个《纽约土地室》。重新使用录相记录也无多大意义，因为作品本身已经将录相的过程包括进去。在这件作品中，蔡国强使用各种办法来强调观众亲自体验的不可替代性。

蔡国强与马利亚的艺术对话部分地建立在六、七十年代曾经风行一时的大地艺术实践基础之上，大地艺术极其关注日趋恶化的人类环境。芭芭拉·C·马蒂里斯基(Barbara C. Matilisky)指出：

> 艺术家们试图通过使用一个特定的生态系统或人与自然的某种关系来表现他们对环境问题的关注。他们通常把一个受到人类破坏的动植物栖息地或一个寸草不生的城市改变成一个新的生态系统。他们愿在经人类的盲目干预而失去生态平衡的区域来完成一个生态艺术品。⓬

假如说大地艺术主要关注生态问题或者人类社会与自然的关系问题。蔡国强的《纽约蚯蚓室》则将这个社会—生态问题带入当代艺术循环体制。他有一次曾经对我开玩笑说："谁能收藏我这件作品呢？"⓭ 蚯蚓将土壤恢复还原为其自然状态，蚯蚓对土壤的改良提示人们另一个人类更难解决、更错综复杂的人类社会生态问题。这件作品也把我们带回蔡国强一直关注的问题，即天、地和人类社会的关系。

徐冰的《蚕系列·开幕式》

徐冰的《蚕系列》是一个装置复合体，表现了蚕的整个生命循环。徐冰原为本展览设计的装置是小型的生活起居室。一个咖啡桌上布满报纸和杂志，许多蚕正在上面吐丝，吐出的丝连同书报与桌子都遮在一起，杂乱无章。报章被蚕持续吐出的丝覆盖得越来越厚，直到文字不可辨识。

徐冰
《蚕系列》和展览现场
1998

Xu Bing
Silkworm Series (above)
Exhibition View (below)
1998

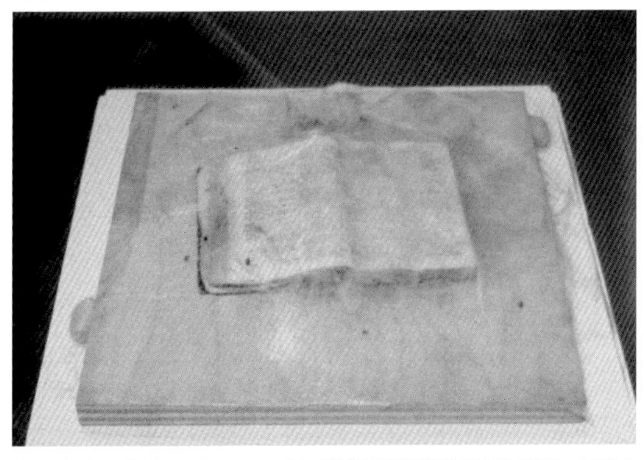

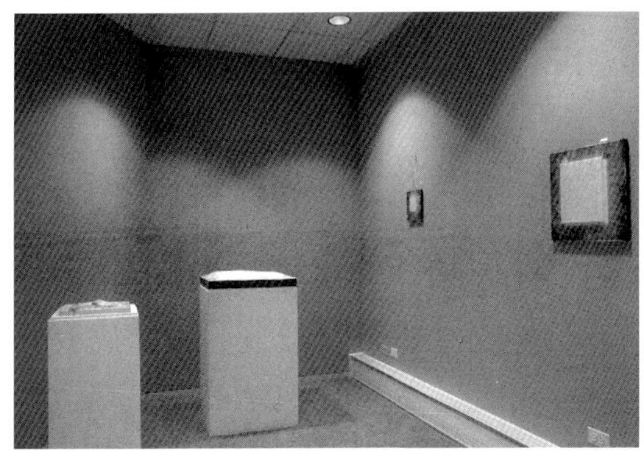

在起居室的另一角落，一架电视机正在播放节目，表现蚕的整个生命循环过程：蚕蛾交配之后在书上产卵，卵被孵化成虫，虫长大后再将丝吐在书本上，自己再作茧自缚。蚕同时也在电视机和录相机的内部吐丝做茧，观众可以发现蚕在录相机内部复杂电子原件中结成了另一幅混乱不堪的图画，自然生命和技术的因素结合在一起。环顾居室其他地方，不少的角落已被蚕吐的丝所覆盖，或者已被蚕茧所占领。在起居室外，一根桑树枝从美术馆的墙上平行伸出，而且枝条的顶端也依附着蚕茧。书报上字迹的消失与蚕丝的积累同步进行。显然，观众对蚕的生命蜕变的过程远比书本上的字迹更感兴趣。

蚕、蚕丝、蚕茧、丝网布满在这里，室内、室外、屏幕上、录相机内，势不可挡。蚕这种微小的、嫩弱的小虫似乎要用它们那沾粘的，闪亮而精致的丝线将任何东西都缠起来。

丝绸、蚕、蚕丝在中文语境中有特殊的涵义。中国人大约在五千年就开始养蚕织丝。他们将丝绸作为高贵而华丽的织物。对许多农民或蚕农来说养蚕是一项重要的经济收入，而对许多孩子而言，养蚕又是一项有趣儿的游戏。有关丝绸和蚕在中国文学史上又有精彩的篇章。那段唐代诗人李商隐的诗句“春蚕到死丝方尽”成为千古传诵的名篇。在中文中，丝是一个双关语，表示思恋、想念。在这里诗人把自己被作一只蚕，辛勤地劳作，并思恋他的恋人。对中国人而言，丝具有情感上、心理上和文化上的象征意义。

对西方人而言，丝绸象陶瓷一样是中国的象征。在过去的两千年中，中国与西方世界商业往来的通道被称为“丝绸之路”。和象牙黄金一样，丝绸也是财富和权势的象征。因此无论是对中国人还是西方人而言，丝绸都具有浓重的文化历史意味，但在不同的文化背景中人们对由蚕和丝做成的作品的感受是不同的。

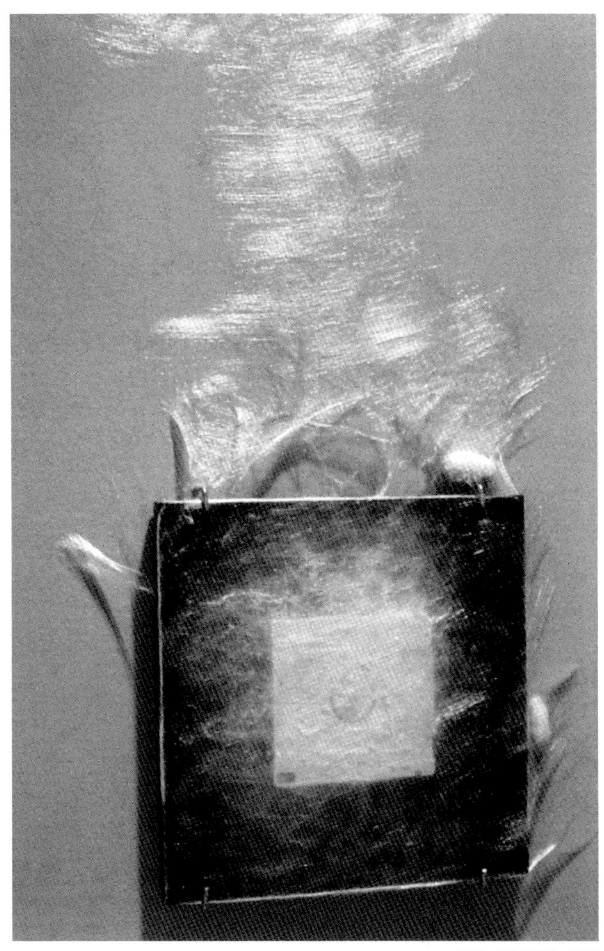

徐冰《蚕系列》 1998

Xu Bing
Silkworm Series
1998

被蚕丝所缠绕的书本及录像机暗示着信息高速路的放射性空间关系，或者是后现代思想话语中的“反线性思维方式”，例如罗兰·巴特(Roland Barthes)用联系、网状结构、矩阵等名词来叙述他的理论。在另一方面，蚕按照它们的生存本能和自然逻辑向四处释放它们的能量，这似乎也暗示着中国人对生活的态度和世界观：坚韧、勤劳、自信而极富生存和发展能力，五千万散布世界的华人可以证明这一点。事实上，在另一方面，“反线性”思维方式在中国文化语境中并不新鲜，众所周知的“混沌”的概念，即包涵“反线性”思维的某些方面，因为它鼓励人们从不同的角度来审视问题。因此有理由说，徐冰设计的漫无边际的丝网将当代理论话语和古老的中国传统机智地结合起来，体现了一种古老的思想在当代文化相互融合与渗透的国际化浪潮中的一种延伸和再生。

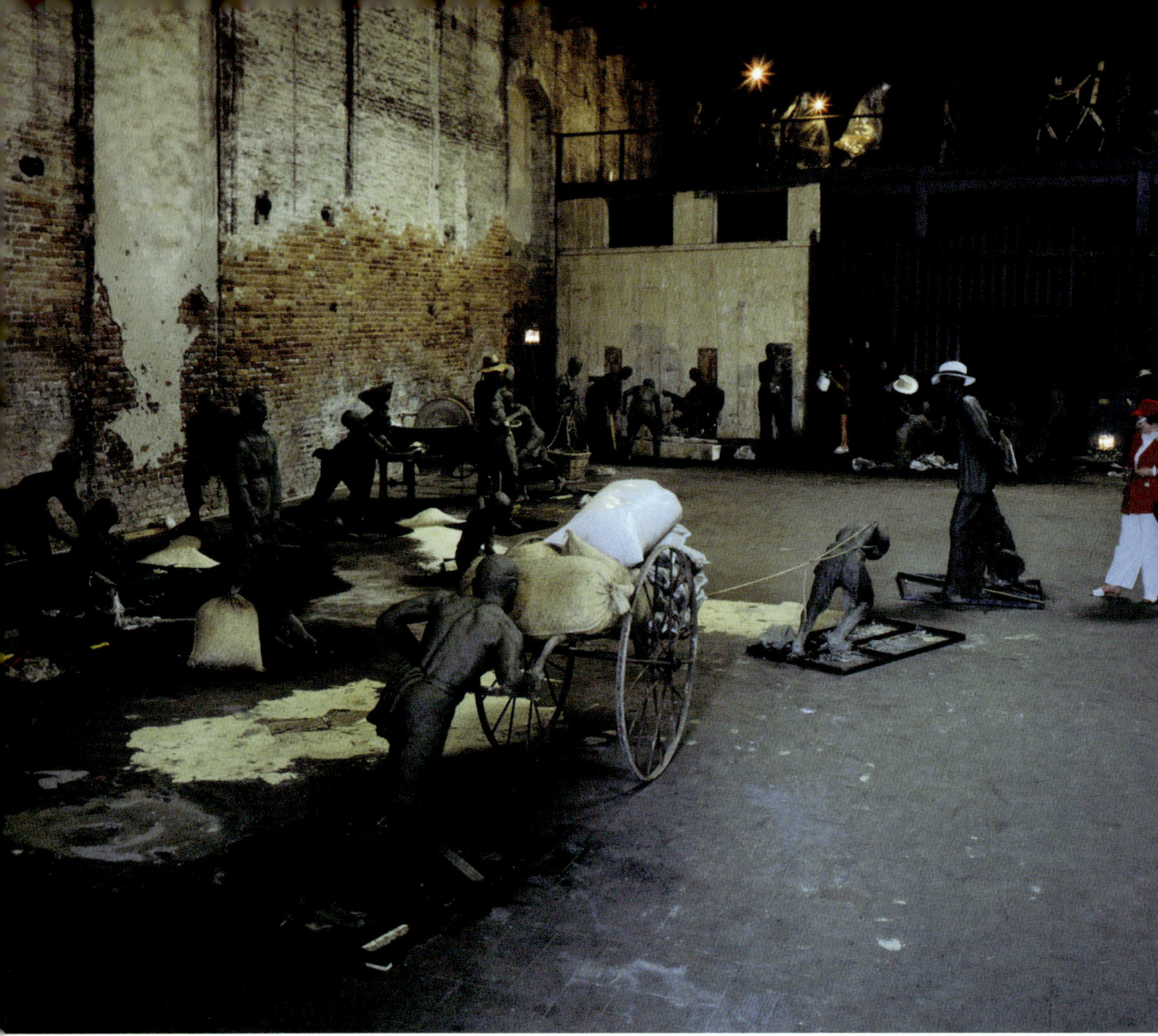

蔡国强
《威尼斯收租院》
1999

Cai Guo-qiang
Venice's Rent Collection Courtyard
1999
Photo by: Elio Montanari

7 关于中国新艺术国际化的思考

徐冰和蔡国强的艺术发展包含了传统中国文化、当代中国社会现实及西方社会和西方当代艺术的丰富内容。从中国人的历史角度看，将古代中国与当代中国及西方世界的比较构成了传统与现代的张力；从文化学研究的角度看，比较中国与西方社会构成了东、西方文明之间的反差；从思想史的角度来看，张力存在于所有上述交织的概念中，并产生新的矛盾体，如中国传统思想与共产主义意识形态，社会主义与资本主义，后现代主义与传统中国的世界观等。所有这些概念在我们分析蔡国强与徐冰的作品时都是不可避免的。

—

让我们首先探讨中国传统文化对他们艺术发展的影响。今天，每一位国际知名的中国艺术家，其作品都与传统中国历史、文化和思想密切相关，其结果是打着鲜明的中国的标签。作为一位有中国文化背景的观众，我对此格外敏感。作为一名策展人和评论家，我尚未见到任何有国际影响的中国艺术家的作品表面上看来查觉不到任何“中国因素”，因此，无可奈何的是，我们要了解和明白中国当代艺术家的作品，首先应了解其背后的传统性因素。

虽然蔡国强和徐冰的艺术都深深地根植于传统思想，但一般说来，蔡国强的作品可更多地追溯到道家思想，而徐冰的作品则更多地涉及儒家传统，而且两个人的作品均与佛家思想相关。从历史上看，儒道互补构成了中国思想史的主流。佛教作为一个外来文化逐渐被中国文化所吸收。[14]

道家思想对蔡国强的影响明显地表现在他的艺术方法论、策略和审美形象上。他的方法论被视为“东方炼金术”。他的作品和一般观众极易接近。而且他很会鼓动观众来参与实施其作品。例如在日本时，他应磐城市艺术博物馆的邀请做一件新作品，花了很多时间和当地民众交谈沟通，包括农民、工人、渔民、经理和市政官员，调查当地的历史，地理和文化背景。他在作品手记中写道：

在这里产生作品，从这里和宇宙对话，和这里的人们创造时代的故事。[15]

用这些煽动人心的言辞，蔡国强动员了当地市民义务为他完成作品出工出力。没有为数众多的人员的帮助，他的大型室外作品根本不可能完成。 而且他的许多创意也是建立在他用自己的萨满式人格魅力来协调诸方面的积极性的基础之上。他所使用的材料基本上是金属、木、水、火、土等被道家称为“五行”的东西。他还使用“风水”、“气”及“中医”理论中的某些理念来运用和支配这些材料。他还利用“具体小组”和“物派”的艺术主张和实践来重新阐释中国传统思想。他对于“混沌”思想在西方当代艺术情境中的再解释，参照了中国自然疗法的基本原则，将世界看成一个整体而且将人体看成一个微观的宇宙。这样，他把宏观世界、人类社会和人的生命躯体看成一个完整的统一体。因此他可以自由地从这一整体中剥下任何一个切片来构建他的作品。应用老庄的智慧，蔡国强不仅势如破竹地切入西方艺术主流，而且将中国传统思想介绍到西方当代艺坛。蔡国强对道家思想的偏好来源于他的家乡，中国的道教圣地泉州。

徐冰的作品与儒家思想有密切联系。在他的艺术追求中体现了“君子以自强不息”的精神。他对中国历史、文字的兴趣及他青少年时所受到的中国传统学术的熏陶，使他对中国文化持有自己独到的见解，而非人云亦云，随波逐流。他所受的熏陶和教育都被融入到他的艺术创作中，他的作品大多凝聚着深厚的文化底蕴，他自己本人也在当代国际艺坛体现着中国传统知识分子的优秀的人格魅力。

徐冰喜欢用字、词、字母、书、文本、书法等符号来完成他的作品，质询和检验文本交流的有效性。在传统儒学中，阅读，特别是阅读圣贤经典是十分关键的，因此，尊重书本知识的观念不仅对知识精英，而且对普通百姓都是普遍接受的。徐冰的作品从这一基点出发探讨许多具有普遍性的问题。他的作品在视觉效果和精神意义上体现出儒家的气质。他的作品看起来通常是庄严肃穆，高雅而单纯，特别是他的经典之作《天书》。他的作品也总是令观众对他们以前总是想当然的事物保持怀疑态度。

从理论或历史上说，儒教和道教是经常不相容的，但在中国百姓的实际生活中，这两者经常被混同在一起。徐冰和蔡国强的艺术实践自然也不会将两者截然分开，他们都吸收了两者的许多思想成份，构成他们独特的艺术方法论。

除了中国的传统思想之外，中国现代的思想潮流也给他们以不可估量的影响。这里我用“现代”一词来代替“当代”目的是为了强调在文化大革命中

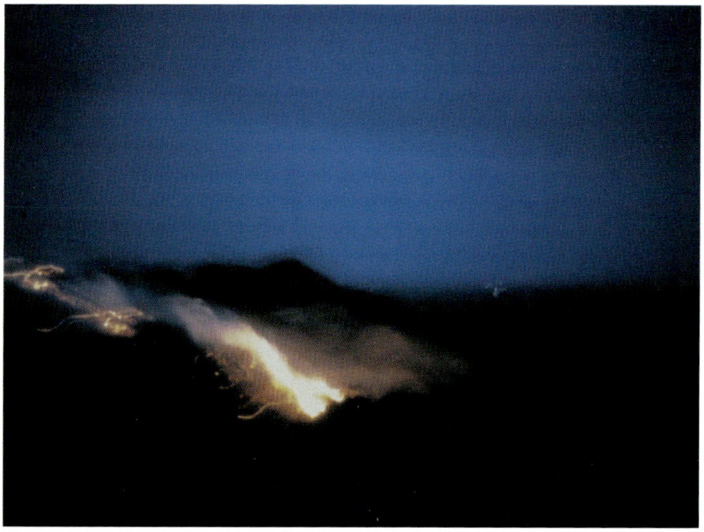

蔡国强《万里长城延长一万米》1993

Cai Guo-qiang
Project to Extend the Great Wall of China by 10,000 Meters, 1993

毛泽东对他们二人的巨大影响而非当代的艺术实践。毛泽东思想对蔡国强的影响至少体现在以下三个方面。首先是毛泽东在政治和军事生涯中提出的“从农村包围城市，最后夺取城市”的战略方针影响了蔡国强的艺术观。在80年代中国新潮美术在各大城市达到高潮时，蔡国强却到边远的地方独自旅行。在他到达日本的初期，他并未在东京的闹市区折腾而是在郊外的一个农舍从事艺术探索。他的影响日益扩大，吸引为数众多的东京评论家、画廊经营者和艺术博物馆策划人来采访他，而且其中许多人认为蔡的火药艺术探索不失为另辟蹊径的艺术策略。对于西方和古代中国艺术遗产，他秉承了毛泽东的“去其糟粕，取其精华”的原则，大胆吸收一切可资利用的文化资源，用他自己的话说是“和尚打伞无法无天”。在艺术实践中，蔡国强创造性地运用和发挥了这一原则；而且在作品的实施过程中，他也发挥了象毛泽东那样的领袖魅力。

毛泽东在文革初期所竭力倡导的“大字报”也深刻地影响了徐冰。在毛泽东看来，大字报是公开讨论、群众性大批判的一种有效方式，但在文革期间，大字报逐步演变为相互攻奸，混淆视听的方法。在大字报的发源地北京大学和在文革期间的亲身经历，使徐冰认识到不存在任何的绝对真理，任何形式的书本知识或真理都是不足轻信的。另一方面，大字报那铺天盖地的展示方式无疑在他的《天书》及《鬼打墙》等作品得到发挥。

徐冰和蔡国强的作品不仅与中国的现实与历史密切联系，而且紧密地关联着西方当代艺术的发展。审视他们的艺术，你不难从中发现西方艺术大师的影子。在蔡国强的《为外星人所作的计划》中，你可以看到波依斯、克里斯多、德·马利亚、史密斯、极简主义、行为艺术和观念艺术。徐冰的作品包含着安迪·沃霍尔、观念艺术和行为艺术的因素。这两位中国艺术家都善于用中国智慧来整合西方当代艺术方法论。

蔡国强的煽动能力让人想到波依斯，而蔡氏想要做的是要创造一个乌托邦式社会隐喻而非像波依斯那样要再造社会。蔡国强的《为外星人所做的计划》看起来象克里斯托和史密斯的室外大地艺术，但蔡国强试图追求的是瞬间永恒的天人合一的感受，而非树立一个具体的或永恒的雕塑。用蔡国强自己的话说，他的作品是给外星人做的，而并非只是地球上的人类，因为他的作品会以光的形式在无垠浩淼的宇宙时空中持续传播，尽管在地球人的肉眼看来是瞬间即逝的。这种说辞给他的作品增添了几分幻想的魅力，这是人类共同的童贞式追求。

显而易见，徐冰的《天书》在复制性方面与安迪·沃霍尔的作品有几分相似，但他使用的是伪造的不可识读的中国汉字。而徐冰对文字的使用与西方观念艺术家罗伯特·贝里的作品有相似之处，而且他以文字来颠覆文本的作品从本质上属概念艺术的范畴。行为艺术使徐冰想到用动物来做演员，这使得表演或行为这种国际流行艺术样式增添了几分新意。

蔡国强和徐冰对当代艺术策略的洞悉和中国传统思想的大胆而精心的挪用都形成了各自独特的反线性思维方法论。贝塔·希切尔(Berta M. Sichel)曾经说：

> 反线性的最重要的革新并非是在艺术创作中使用科学技术，而是对于新观念的接受，新技术允许我们重新

确认地理和文化的疆界，在于非线性的松散的形式的创造，及将艺术转化为信息的过程。[16]

蔡国强和徐冰的艺术包含多方面、多层次的意义，虽然他们的艺术有很大差异，但他们都试图从中国的角度来审视当代文化与艺术及复杂的、迅速变化的世界，在当代艺术话语背景中出发中国的声音。

二

从 90 年代初徐冰和蔡国强步入国际艺坛以来，他们都逐步引起了国际艺术界的注意。随着艺术的社会环境的变化及他们艺术的发展，艺术评论界对他们作品的反应也是逐步转变和深化的。审视西方艺术评论界对他们作品评价的变化可以为我们提供一个东西艺术相互对话与渗透的例证。

我愿从西方评论界对《天书》评价的变化谈起。这件八十年代中国现代艺术的经典之作刚到美国时，观众对它的反应极其不寻常，尤其对它所包涵的政治的、文化的和视觉的意义。

> 徐冰对中国语言，传统和文化的批判是可以被欣赏的，不仅是因为徐冰所批判的是他们而非我们，而且还在于这批判本身是惊人的美丽。[17]

徐冰带着他的《天书》于 89 年之后来到美国，因此《天书》不仅被西方人看作体现着 80 年代中国社会思想变迁的重要艺术品，更体现着 89 年前后的政治风波和人们的心态。但另外一些对中国现当代艺术颇有深入见解的美国专家则有另外的看法：

> 以旁观的态度看待徐冰的《天书》，艺术象打开了一扇有关中国思想与文化的基本概念及象征符号的门，按照中国发展的自身逻辑来重新确认他们的文化认同。[18]

乔那森·黑教授的见解是很有见地的，超越了就事论事的狭隘的泛政治论，而试图强调中国新艺术认同的关键因素。《穿越与穿越者》(Crossing/Traverses) 是加拿大国家艺术博物馆正在筹备中的一个全球性当代艺术展，将展出徐冰和蔡国强两位中国艺术家的作品，展品是徐冰的《天书》和蔡国强的《龙叫，狼叫，成吉思汗的方舟》，本展览的策划人迪亚娜(Diaana Nemiroff)在她的图录论文中这样评论《天书》：

> 在这个意义上说，《天书》是某种文化索引，反映出决定于观者的不同文化背景的诸多不同含义。因此，虽然徐的作品激起不同文化间的冲突，但其精神核心是观念性的，不是决定于地域的不同，而是因地域的不同而得到强化。[19]

迪亚娜从跨文化经验和由移民引起的文化认同的改变的角度，— 一个国际化浪潮中的关键问题 — 来认识徐冰的作品。她将《天书》放到国际文化格局中来重新认识它，而非仅仅把它看成是个中国政治与文化的符号。这为客观而理性地判断一个作品提供了可能。迪亚娜将《天书》作为代表东西方文化冲突的重要的观念艺术。对许多西方评论者而言，蔡国强作品的显著特征在于他的广泛的社会关怀，富于启示性的方法论和东方特征的媒介。

蔡国强的艺术线索对许多人，甚至其本人来说，都是很难梳理清楚的，因他的许多奇特想法来源于当代艺术实践之外的某个地方。[20]

许多西方艺术策划人对蔡国强作品中所表现出来的对东西方对话、古今并置的处理很感兴趣。

作为一个结局，蔡国强的许多作品都是有关东西文化的遭遇或是两种文冲突的，尤其是在传统的生活方式与现代艺术之间，区域与国际之间，个性与普通性之间。这些矛盾在蔡国强的作品中并不是走向两极化而是结合在一起，表达了蔡从国际角度对这一问题的理解。[21]

蔡国强通过自己作品的实施与展示来实现这些矛盾概念的对话。他那独具个人特征的表达方式对于抓住不同文化背景的观众是十分重要的，在一篇评论蔡国强的《龙叫，狼叫，成吉思汗的方舟》的文章中，批评家肯·约翰逊写道：

这些日本生产的丰田发动机增加了文化与历史的并置时所形成的讽刺意味。然而，在这个展览中（指1996年10月在古根海姆苏荷馆举行的首届雨果·伯斯当代艺术提名奖展）组成这件作品的物质材料显得格外突出。[22]

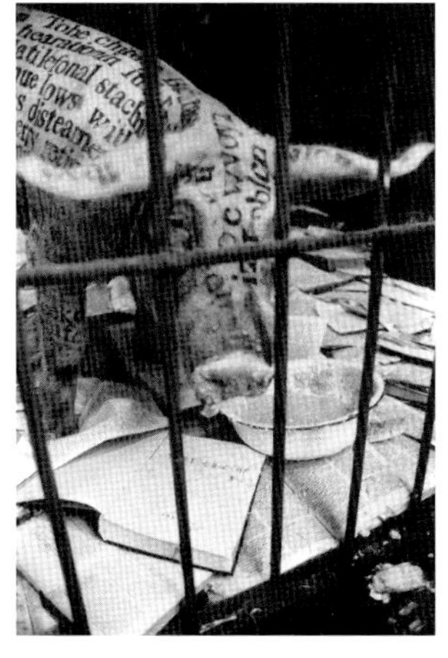

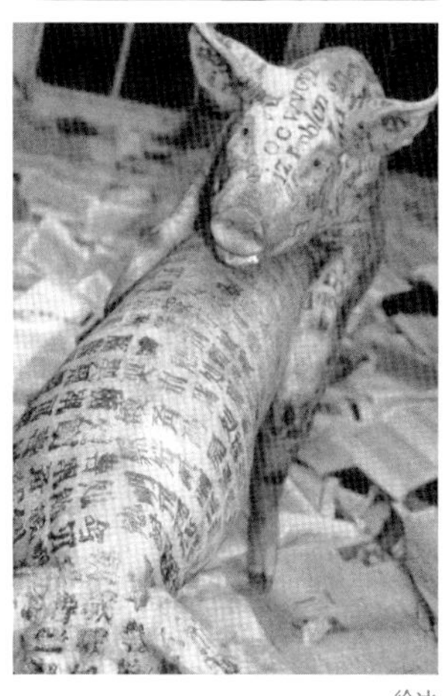

徐冰
《文化转变的个案研究》
1994 北京

Xu Bing
A Case Study of Cultural Transference
1994 Beijing

中国古老的羊皮筏和日本当代的丰田发动机的精彩的组合，来源于蔡国强对装置艺术规范的创造性运用。在另一方面，这也表现出亚洲的发展 — 尤其是中国和日本，在国际社会和政治舞台所表现出来的张力。蔡国强的作品可以被视作对这种已经变化的和正在变化中的新的国际格局的反思，正如加拿大艺术策划人迪亚娜所指出：

然而，这个由羊皮筏组成的龙，横空扫过美术馆的展厅，龙是中国古代文化的象征而在西方则代表某种异国情调和恐惧。它所透露出的信息或许是个幽默式的警告，即中国势力在最近几年的扩张，包括蔡国强在内的这些海外中国艺术家可以视作这种文化扩张的预兆。[23]

三

《天地之际》展在中国新艺术走红纽约时展出，尤其是在古根海姆博物馆于2月开幕的《中华五千年展》和亚洲协会组织的《由里及外》之间的四五月间。《中华五千年展》为纽约观众提供了一个从新石器石代到近现代中国艺术发展的历史视角，包括中国艺术的发展、演变、多样性及对外国艺术的吸收。《由里及外》展则提供了中国前卫艺术在二十年内发展的历程，正如策展人高名潞所言：

> 这个展览将展示中国艺术家—无论是来自中国大陆、台湾、香港亦或海外—所面临的由政治、经济和文化转型所引起的挑战。无论是在哪里的中国艺术，已决不是一个区域现象，而是与国际气候密切相关，因此我们需要从国际的角度，即国际化的过程来看待中国艺术。[24]

因此，《中华五千年》可以为《天际之际》展的观众检验徐冰和蔡国强的作品提供一个历时性的历史视野；而《由里及外》则为观众比较两位艺术家与他们的同辈艺术家提供共时性参照。 最近几年，中国新艺术越来越多地出现在国际艺坛，这一方面与中国经济的发展、国际地位的增强有关，也与像徐冰、蔡国强、黄永砅、陈箴、谷文达等一大批活跃在海外的中国艺术家有关。中国新艺术在国际艺坛的日益崛起成为世纪末国际文化格局转变的一项重要内容。

研究自80年代以来中国新艺术的发展，人们可以清楚地看到一个类型，在发展初期的八十年代，年青艺术家利用西方的前卫艺术样式来打破陈旧的以政治为主的艺术模式，努力寻求他们对社会变迁的看法。但因为那时很少的中国艺术家才能同国际当代艺坛相接触，他们艺术探索的领域并未超出西方现代艺术所创下的范式，而对当代艺术则很少有所了解。

进入90年代以来，许多中国艺术家移居到美国、欧洲和日本，他们开始在国际艺坛展示自己的作品，居住在国内的中国艺术家也获得了许多国际展示机会，这可以看作发展的第二阶段。但海内外的艺术家有两个明显的区别。居住在中国的艺术家以中国背景思考艺术，他们的作品受环境制约，很多具有商业和政治意识形态的明显倾向，绘画和摄影是他们运用的主要媒介。移居海外的中国艺术家则将中国传统思想方式及文化符号与当代艺术方法论结合起来，装置是他们运用的主要形式，他们的艺术活动给当代艺术舞台打上鲜明的中国味道，但与正在改变中的中国现实越来越远，他们其中的不少作品表现出某种迎合西方人趣味的“东方主义”情调。

从历史的角度看，中国是世界上唯一的一个持续发展五千年的古老文明。在她的近现代阶段，中国从未被任何一个西方国家彻底地殖民化，而是许多西方国家在中国的不少城市建立了他们的租界，将多样的西方文化带入中国。在这一世纪，中国经历了轰轰烈烈的国际共产主义运动，产生了“有中国特色的社会主义”理论和实践，这种实用主义的改革与开放的政策使中国走上了新的发展道路。在中国新艺术的国际化过程中，受中国传统智慧启迪，受中国社会环境驱使和受国际艺术浪潮的激励下的中国新艺术，会在世纪之交的国际艺术格局重组的过程中发挥越来越重要的作用， 我们拭目以待。

注释：

1 徐冰，“对复数性绘画的新探索与再认识”《美术》，1987年10月，55页

2 富井玲子，“天、地、人：通过对水火和其他的想象”，《文化大混浴：为二十世纪所做的计划》，皇后艺术博物馆，1997。

3 蔡国强：《为外星人所做的计划，第十号》东京仙人掌工作室工作报告，14页。

4 波依斯，被 Antie Von Graevenitz 的“新的和旧的动机”所引用。琳.库克和凯伦.凯利编辑，纽约迪亚艺术中心，1990，66页。

5 魏廉·查滨，《问题时代的艺术 1955–70》，史密松研究院出版社，华盛顿特区，1992，145页。

6 同上，“1968年的早些时候，他（克里斯多说：‘我想做个以前从来没有出现过的东西，不只是个形象，而且是个真东西，例如埃及的金字塔或者中国的万里’”。

7 德·玛利亚，“雷电场地”，《艺术论坛》，（1980年4月），8页。

8 来自与我对蔡国强的采访，1997年7月，在蔡氏 Elizabeth Street 的住所

9 珍尼·法华，《文化大混浴》，展览图录论文。

10 巴里·施瓦布斯基，“道和物理学：蔡国强的艺术”，《艺术论坛》，总35，（1997年夏），121页。

11 罗伯塔·史密斯，“德·玛利亚：元素”，《美国艺术》，（1978年5–6月），104页。

12 芭芭拉·马蒂尔斯基，《脆弱的生态：当代艺术家的阐释和解决办法》，里卒国际，纽约，1992。

13 蔡国强和笔者的谈话，1979年10月21日，蔡国强工作室，纽约伊里莎白路。

14 冯友兰，“中国哲学简史”，普林斯顿大学出版社，普林斯顿。

15 Arkihiko Hirano 蔡国强：来自泛太平洋，磐城市艺术博物馆，1994,3,6–31。

16 贝塔·希科，“反线性”，《今日艺术》（1997 年 3–4月）：72页。

17 阿贝·斯坦勒，“没有意义：徐冰的天书在西方”，CAA 第84届年度论文，波士顿，1996。

18 乔纳森·黑，“意义模糊的符号：在美国的五位中国艺术家的作品”，《东方》 23：7（1992年7月），38页。

19 感谢加拿大国家博物馆的策展人达雅娜·奈妮诺夫允许我使用她尚未发表的论文。

20 卡罗·卢富逖，“激情与幸运”，《艺术新闻》，（1997年12月），147页。

21 安尼里·法克斯，“简介”《蔡国强：飞龙在天》展览前言，1997。

22 肯·约翰逊，“关于大奖的思考”，《美国艺术》，（1997年4月），45页。

23 同19。

24 笔者对高明潞的电话采访，他当时正准备由亚洲协会主办的大型展览《由里及外：中国新艺术》，1998.2.23。

展览和艺术家文献

展出作品说明

蔡国强

《纽约蚯蚓室》1998
材　　料：土壤，蚯蚓，玻璃板，摄象机，投影设备，导线等。
所 有 者：艺术家本人

徐　冰

序厅部分：　《蚕系列・开幕式》1998
材　　料：活蚕虫，蚕丝，蚕茧，新鲜的桑树枝杈，花瓶，桌台，桌布等。

入口展厅：　《蚕系列》1994—1998
材　　料：活蚕虫，蚕丝，电视，书，站台等。
所 有 者：艺术家本人。

参考书目

1）关于中国历史与文化背景部分

安雅兰,《中华人民共和国的政治与画家 1949–1979》，加利佛尼亚大学出版社，伯克利，1994。
安雅兰和高名潞,《破碎的记忆：流亡中的中国前卫艺术》，维克尼艺术中心，俄亥俄，哥伦布市，1993。
徐冰,《复数性绘画的探索和思考》,《美术》（1987 年 10 月）55 页。
亚洲学者公告,《从毛到邓的中国：社会主义发展中的政治学和经济学》，再德出版社，伦敦，1993。
杜朗 · 维拉里,《后 89 中国新艺术》，汉雅轩画廊，香港，1993。
冯友兰,《中国哲学史》，普林斯顿大学出版社，普林斯顿，1952–53。
麦克齐 · 玛里亚,《中国文化大革命中的日常生活》，月度评论出版社，纽约，1973。
波尔曼 · 沃尔夫格,《中国前卫艺术》，柏林，1993。
吕鹏,《中国现代艺术史 1979–89》，湖南美术出版社，长沙，1992。
阿炳南,《传统与张力：亚洲当代艺术》，亚洲协会美术馆，纽约，1996。
若普 · 保罗,《中国遗产：中国文明的当代透视》，加利佛尼亚大学出版社，三藩市，1990。
乔纳森 · 斯苯思,《寻找现代的中国》，诺顿出版社，纽约，1990。
苏利文,《二十世纪中国的艺术和艺术家》，加利佛尼亚大学出版社，三藩市，1996。
杜维明,《转型中的中国》，哈佛大学出版社，剑桥，1994。

2）西方现代艺术和社会背景

布鲁斯 · 阿舒乐,《展览中的前卫：20 世纪的新艺术》，阿布拉姆斯出版社，纽约，1994。
苏珊 · 伯特格,《用土做的艺术》,《雕塑》，（1992 年 11–12 月）38–42 页。
琳 · 库克和凯仁 · 凯利,《罗伯特 · 列曼当代艺术讲座》，迪亚艺术中心，纽约，1996。
德 · 玛利亚,《雷电场地》,《艺术论坛》，（1980 年 4 月）52–59 页。
格尔伯特 · 盖尔和德 · 保利,《透明的线索：最近美国艺术中所反映的亚洲哲学》，浩夫特莎大学和巴德学院，1993。
伊夫 · 杰甫里,《语言消失》，马萨诸塞艺术学院，波士顿，1995。
芭芭拉 · 马蒂尔斯基,《脆弱的生态：当代艺术家的阐释和解决办法》，里卒国际，纽约，1992。
亚历山大 · 梦诺,《朝着天空的呐喊：1945 年后的日本艺术》，阿布拉姆斯出版社，纽约，1994。
罗伯特 · 默根,《观念艺术：美国的透视》，迈克佛兰德公司，1994。
约翰 · 莱奇曼,《问题中的文化认同》，路特基，纽约，1995。
萨伊德,《知识分子的代表》，蓝登书屋，纽约，1994。
魏廉 · 查滨,《问题时代的艺术 1955–70》，史密松研究院出版社，华盛顿特区，1992。
贝塔 · 希科,《反线性》,《今日艺术》（1997 年 3–4 月）71–72 页。
罗伯塔 · 史密斯,《德 · 玛利亚：元素》,《美国艺术》，（1978 年 5–6 月）102–105 页。

蔡 国 强

1957	生于中国福建省泉州市
1981–85	就读于上海戏剧学院舞台美术系
1989–91	就读于日本国立筑波大学综合造型研究室
1995 年至今	居住和工作于纽约

个展

2003
《天空中的人、鹰与眼 – 为埃及西瓦作的风筝计划》，西瓦，埃及
《光轮》，为中央公园作的爆炸计划，纽约，美国
《爆炸事件 – 中央公园上空的光轮》，亚洲协会美术馆，纽约，美国
《来自天上的焰火》，加州大学，柏克莱美术馆，柏克莱，美国
《蔡国强 – 随意的历史》，S.M.A.K.代美术馆，根特，比利
《叶公好龙 – 为泰德现代美术馆作的爆炸作品》，泰德代美，伦敦， 英国

2002
《蔡国强 – 空灵的花》，特伦托市立美术馆，特伦托，意大利
《移动的彩虹》，纽约现代美术馆，纽约，美国
《蔡国强的茶室 – 向冈仓天心致敬》，雕刻之森美术馆，神奈川，日本
《蔡国强艺术展》，上海美术馆，上海，中国

2001
《随意的历史》，里昂当代美术馆，法国
《APEC 大型景观焰火表演》总，上海，中国
《什么都是美术第 2 号》开展：《倪再沁个展》，意大利
《99 个塔》磐城画廊，福岛，日本
《印象油画草图》史考特艺术，温哥华，加拿大
《水墨写生表演》当代艺术馆，温哥华，加拿大

2000
《计划作的计划》卡地亚当代艺术基金会，巴黎，法国
《走上楼梯》纽约军械库，纽约，美国

1999
《我是千年虫》维也纳美术馆，奥地利

1998
《不破不立 – 引爆台湾省立美术馆》台湾省立美术馆，台湾
《胡思乱想》诚品画廊，台北，台湾

1997
《文化大混浴 – 为 20 世纪作的计划》皇后美术馆，纽约，美国
《飞龙在天》路易斯安娜现代美术馆，丹麦

1996
《有蘑菇云的世纪 – 为 20 世纪作的计划》内华达核试验基地，犹他州，盐湖，纽约美国

1994
《混沌》世田谷美术馆，东京，日本
《关于火焰》东京画廊，日本
《地平线 – 为外星人作的计划第 14 号》日本，磐城市海面，日本
《来自环太平洋》，磐城市市立美术馆，福岛，日本
《生命历》APA 画廊，名古屋，日本

1993
《龙脉》P3 艺术和环境研究院，东京，日本
《万里长城延长一万米 – 为外星人作的计划第 10 号》嘉峪关市，中国

艺术家简历

1992　　《哭墙 – 来自400辆汽车的发动机》IBM川崎市民展览馆，日本

1991　　《原初火球 – 为计划作的计划》P3艺术和环境研究院，东京，日本

1990　　《1988 – 89的工作》大阪府立当代美术中心，日本

群展

2004　　《鹿特丹国际电影展 – 乍现电影》，鹿特丹，荷兰

2003　　《那么，中国呢？》，蓬皮杜文化艺术中心，巴黎，法国
《脉搏 – 治愈艺术和传换》，I.C.A.当代美术中心，波士顿，美国
《比这更好的某一个地方》，辛辛那提当代美术中心，辛辛那提，美国。

2002　　《预料之外》，卡地亚当代艺术基金会，巴黎，法国
《广州当代艺术双年展–重新解读中国实验艺术十年》，广东美术馆，中国
《第三届蒙特利尔双年展》，蒙特利尔，加拿大
《画廊展》，皇家美术学院，伦敦，英国
《磁性 – 塔斯卡尼的外国艺术家》，鲁治比奇当代艺术中心，意大利
《美术的力量 – 开拓时代的七位艺术家》，兵库县立美术馆，日本
《Tokachi国际当代美术展 – Demeter》，北海道，日本
《红色大陆 – 中华》，光州市立美术馆，光州，韩国
《2002视觉艺术展》，里莫力克市立美术馆，里莫力克，爱尔兰
《某会》，浙江图书，杭州，中国
《治疗的艺术》，艾普克艺术画廊，，美国
《关系的必要性》，市立当代美术馆，特托，意大利
《不用画的画展》，比美术馆，德国

2001　　《形式跟随虚拟的故事》，卡斯特罗得瓦利当代美术馆，都灵，意大利
《横滨三年展》，横滨，日本
《清爽》，第49届威尼斯双年展，意大利。
《松斯贝克第九届 – 当地与焦点》，阿纳姆，荷兰。
《巴伦西亚双年展》，巴伦西亚，西班牙。
《礼物》，女教皇宫当代艺术中心，席也娜，意大利。

2000　　《上海·海上 – 上海双年展》，上海美术馆。
《无止境 – MoMA2000》，纽约现代美术馆，美国。
《跨越界限》，S.M.A.K当代美术馆，根特，比利
《2000年惠特尼双年展》，惠特尼美术馆，纽约。
《向外行驶 – 90年代之路》，休斯当代艺术馆，美国。

1999　　《超越未来 – 亚太三年展》，昆士兰美术馆，澳大利亚。
《世界艺术对话》，路德维希美术馆，科隆，德国。
《全面开放》，第48届威尼斯双年展，意大利。
《2000年大全景》，中心美术馆，荷兰。

1998　　《三宅一生 – 做东西》，卡地亚当代艺术基金会，法国。
《交差》，加拿大国家美术馆。
《欲望域 – 台北双年展》，台北市立美术馆。
《蜕变突破 – 新中国艺术展》，P.S.1美，。
《天地之际》，巴德学院策展人研修中心美术馆，美国。

1997 《心动 － 亚洲散步 II》，资生堂画廊，京，日本。
《令人担心的行为艺术》，芝加哥当代美术馆，美国。
《未来、现在、过去》第 47 届威尼斯双年展，意大利。
《第五届伊斯坦丁堡双年展》，土耳其。
《动感城市》，维也纳分离派美术馆，地利。

1996 《在 20 世的废墟里》，纽约 P.S.1 美术馆。
《亚洲、大洋洲三年展》，昆士兰美术馆，澳大利亚。
《普遍性》第 23 届圣保罗双年展，巴西。
《火的起源和神 － 日中韩新美术》，琦玉县美术馆，日本。
《红门》，根特市美术馆，比利。
《雨果巴斯》，古根海姆美术馆。

1995 《第 1 届翰斯堡双年展》，翰斯堡，南非。
《超国度文化》第 46 届威尼斯双年展，意大利。

1994 《亚洲散步》，资生堂画廊，日本。
《巴府艺术节 － 源泉》，英国。
《亚洲的创造力》，广岛当代美术馆，日本 。
《暗黑的心》，缪拉美术馆，荷兰。

1993 《沉默的力量》，牛津现代美术馆，英国。

1992 《电信时代的美术馆》，维也纳，地利。
《寻找宇宙树 － 亚洲当代美术之旅》，琦玉立代美，日本。
《遭遇他者 － 卡塞尔国际美术展》，汉纽店军事基地，德国。

1991 《非常口 － 中国前卫艺术展》，福冈，日本。

1990 《中国明天》，布希尔村，法国。

1989 《89 多摩川福生野外美术展》，东京，日本。

1985 《上海福建青年现代美术联展》，福州市美术馆。
《武夷山野外展》，福建。

艺术家简历

徐冰

1955 生于中国重庆
1981 毕业于中央美术学院
1990 移居美国
1995年至今 居住和工作于纽约

个展：

2003 《徐冰》，中国艺术中心，曼彻斯特，英国。

2003 《徐冰 – 第十四届福冈亚洲文化奖特别展》，福冈亚洲美术馆，福冈。

2002 《徐冰：鸟飞了 – 2》，赫尔伯特美术馆，康纳尔大学，依萨卡，纽约，美国。

2001 《游戏文字：徐冰当代艺术展》，亚瑟 M. 萨克勒美术馆，史密森尼国家博物馆，华盛顿，美国。

2000 《徐冰：天书与书法教室》，布拉格国家美术馆，捷克。

1998 《徐冰：方块字书法入门》，新当代美术馆，纽约，美国。

1997 《书法教室》，米罗基金会美术馆，马洛卡，西班牙。

1994 《徐冰：新近的工作》，布朗士美术馆，纽约，美国。

1991 《徐冰的三个装置》，艾维翰姆美术馆，麦迪逊–威斯康星，美国。

组展（部分）：

2003 《喜悦》，森美术馆，东京，日本。

2003 《字形》，科技艺术美术馆，利物普，英国。

2002 《第一届广州三年展 – 重新解读：中国实验艺术十年（1990–2000）》，广东美术馆，广州，中国。

2002 《第四届上海双年展》，上海美术馆，中国。

2001 《当代艺术特邀制作》，亚洲协会，纽约，美国。

2000 《第十二届悉尼双年展》，新南威尔斯艺术博物馆，悉尼，澳洲。

1999 《旗帜计划》，纽约现代美术馆，纽约，美国。

1999 《对话中的艺术世界 – 全球艺术2000年》，路德维希博物馆，德国。

1999 《美术的回溯与前瞻：世纪现代艺术回顾展》，艺术博物馆，波昂，德国。

1997 《颠换》，第二届约翰内斯堡双年展，南非。

1994 《生与熟》，索菲亚女王艺术中心美术馆，马德里，西班牙。

1993 《第四十五届威尼斯双年展》，威尼斯，意大利。

后序

90 年代中期以来，海外中国当代艺术有了长足的的发展，尤其是在纽约的徐冰，蔡国强，谷文达以及在巴黎的黄永砯等人的艺术实践十分引人注目。以他们为代表的一批海外中国艺术家的实践成果不仅在全球化时代加强了中国与外部世界的相互了解，提高了中国文化与艺术在国际舞台上的影响力，而且也为在国内的艺术家提供了有意义的参照。

徐冰等几位的作品我很喜欢。从西方主流的价值标准而言，他们都属于最好的艺术家之列，尤其是作为少数族裔的艺术家，在欧美能得到这样的承认，实在难能可贵。但也因为是少数族裔，因其文化背景的不同，在他们的内心或多或少也都有着矛盾的一面。我特别想知道的是，他们对于中国大陆当代艺术发展的看法。我想他们作为过来人的意见是特别值得重视的。

张朝晖同学在90年代中期到纽约学习当代艺术策展，同时将徐冰和蔡国强的艺术比较作为自己的研究课题。这本小册子反映了他在大洋彼岸对中国当代艺术发展以及中西方文化在当代背景下相互影响的初步思考。从2003年开始，他到中央美术学院攻读博士学位。我期待着他在新的环境里充实和完善知识结构与思路，更深入地思考艺术家在当下所面临的诸多问题；同时也期待着更多的年轻学者参与到这种思考与讨论中来。

潘公凯
中央美术学院院长
2004 年仲夏

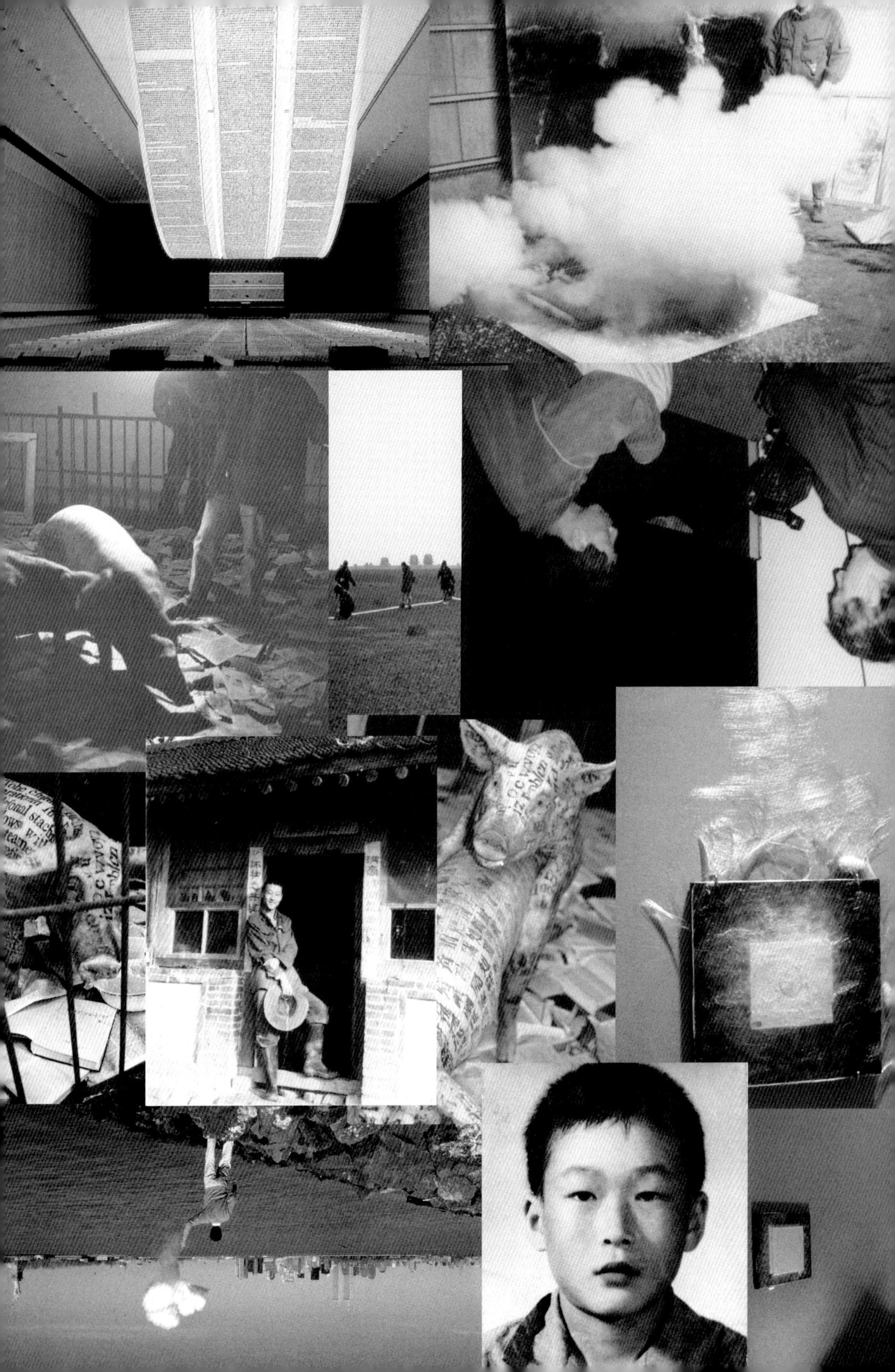

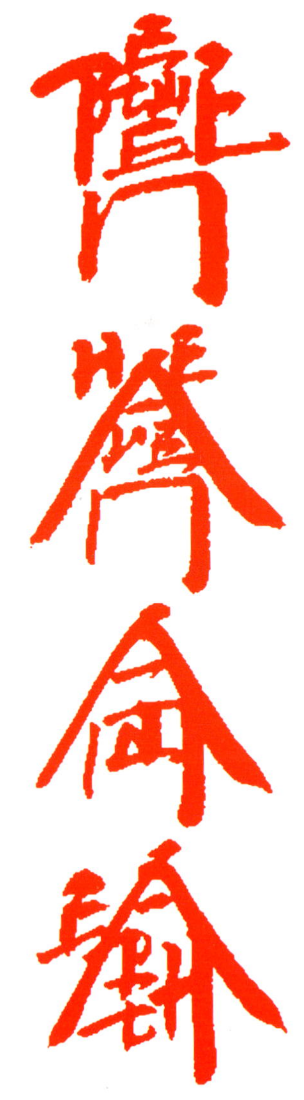

WHERE HEAVEN AND EARTH MEET

XU BING & CAI GUO-QIANG

ZHANG ZHAOHUI

timezone 8

To all who have helped and supported me.

Published by Timezone 8 Limited
e-mail: info@timezone8.com
www.timezone8.com

ISBN: 988-98086-6-8

English Editors
Francesca Jordan, Robert Bernell, He Xiao and Emily Chua

Designers
Luo Yongmei, Wang Qi, Robert Bernell and Emily Chua

Cover Image
Project to Extend the Great Wall of China by 10,000 Meters, 1993 by Cai Guo-qiang and *New English Calligraphy - Between Heaven and Earth*, 2005 by Xu Bing.

Printed in China.

CONTENTS

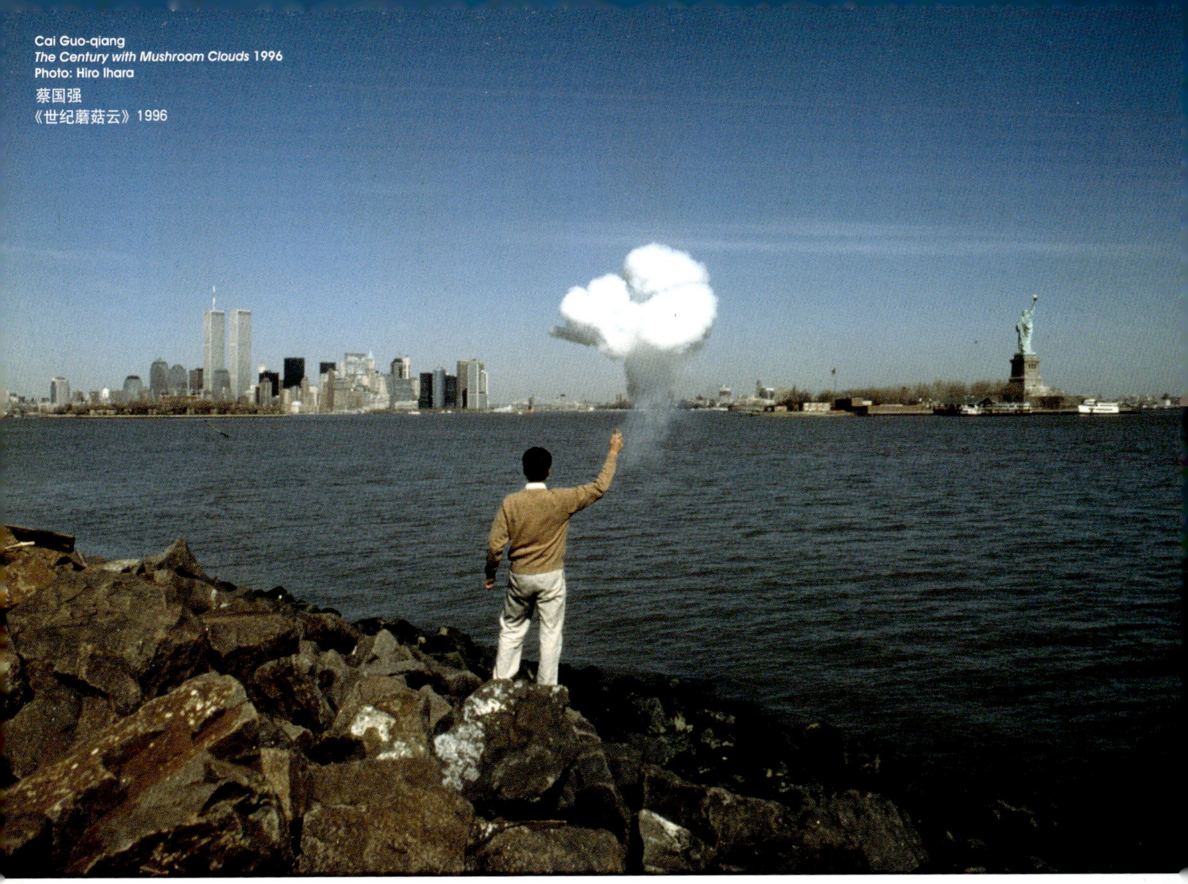

Cai Guo-qiang
The Century with Mushroom Clouds 1996
Photo: Hiro Ihara
蔡国强
《世纪蘑菇云》1996

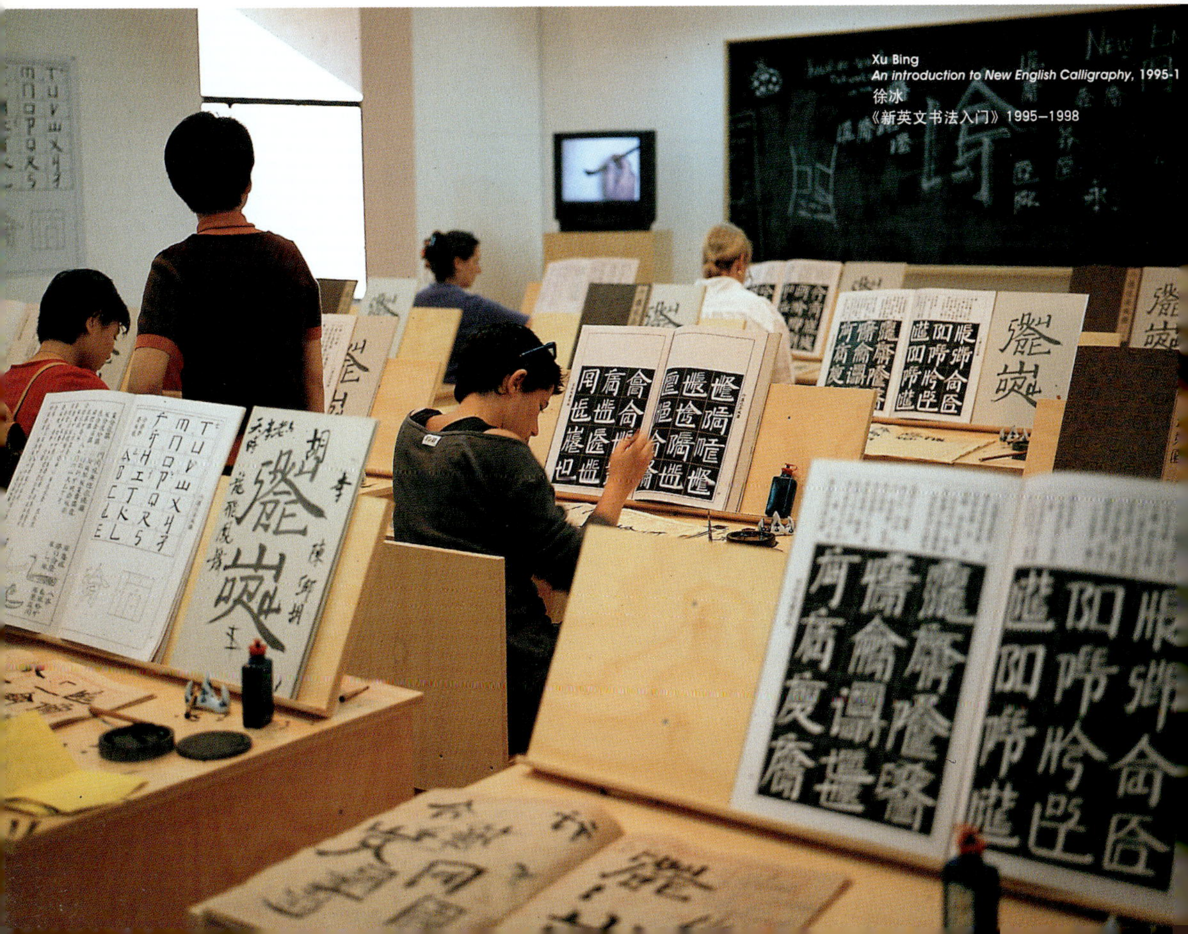

Xu Bing
An introduction to New English Calligraphy, 1995-1
徐冰
《新英文书法入门》1995–1998

INTRODUCTION

Cai Guo-qiang and Xu Bing are both trans-culturally experienced artists based in New York City. Their similarities consist not only of a closeness in age, social background, and experience (both left China, and finally settled in New York City), but also of their similar ideologies and methodologies. Xu Bing was born in 1955, and Cai Guo-qiang in 1957; both experienced the Cultural Revolution. Both came of age in the 1980s, when China's avant-garde art momovement was at its zenith.[1]

Xu Bing was born into a traditional intellectual family and grew up on the campus of the prestigious Beijing University in Beijing, the capital of China for one thousand years, a city with a rich tradition of history, culture and politics dominated by Confucianism.[2] Xu Bing pursued his undergraduate and graduate studies at the Central Academy of Fine Art, Beijing, the cradle of social realism while Mao Zedong was in power and the center of the New Wave art movement in Deng Xiaoping's era. These elements significantly influenced Xu's art. Cai Guo-qiang was born and raised in Quanzhou, a small port city on the coast of southeast China, where multiple religions and cultures co-existed. To some degree, Taoism was prevalent in that area.[3]

Cai Guo-qiang's professional art training was completed in Shanghai, the biggest and most westernized city in China. Thus Cai Guo-qiang's education and background are very different from that of Xu Bing.

By the end of the 1970s, before the Chinese government opened its doors to the outside world, Xu Bing and Cai Guo-qiang were both in their early twenties. They knew almost nothing about modern and contemporary Western art, although they did know a little about Impressionism, which was seen by the Chinese government as an example of the degenerate and formalist art of the Western bourgeoisie. What they knew most about in terms of non-Chinese art was Russian or former Soviet art, which was advocated by the Chinese cultural authorities for the sake of political propaganda and ideological control.

Cai Guo-qiang and Xu Bing are two leading international artists from China. Their acheivements since moving to New York include the prestigious MacArthur Genius Award (Xu Bing) and a large-scale, publically-commissioned art project in Central Park (Cai Guo-qiang's *Light Cycle: Explosion Project for Central Park),* among countless other projects and exhibitions that they have participated in across the globe. In this book, I trace the lives and works of these important artists, and present for the first time, documentation of a joint-exhibition of their works, which I curated at Bard College in 1998. Highlighting the artists' use of silkworms and earthworms, two kinds of worms that metaphorically unite heaven and earth, East and West, the exhibition was entitled, 'Where Heaven and Earth Meet.'

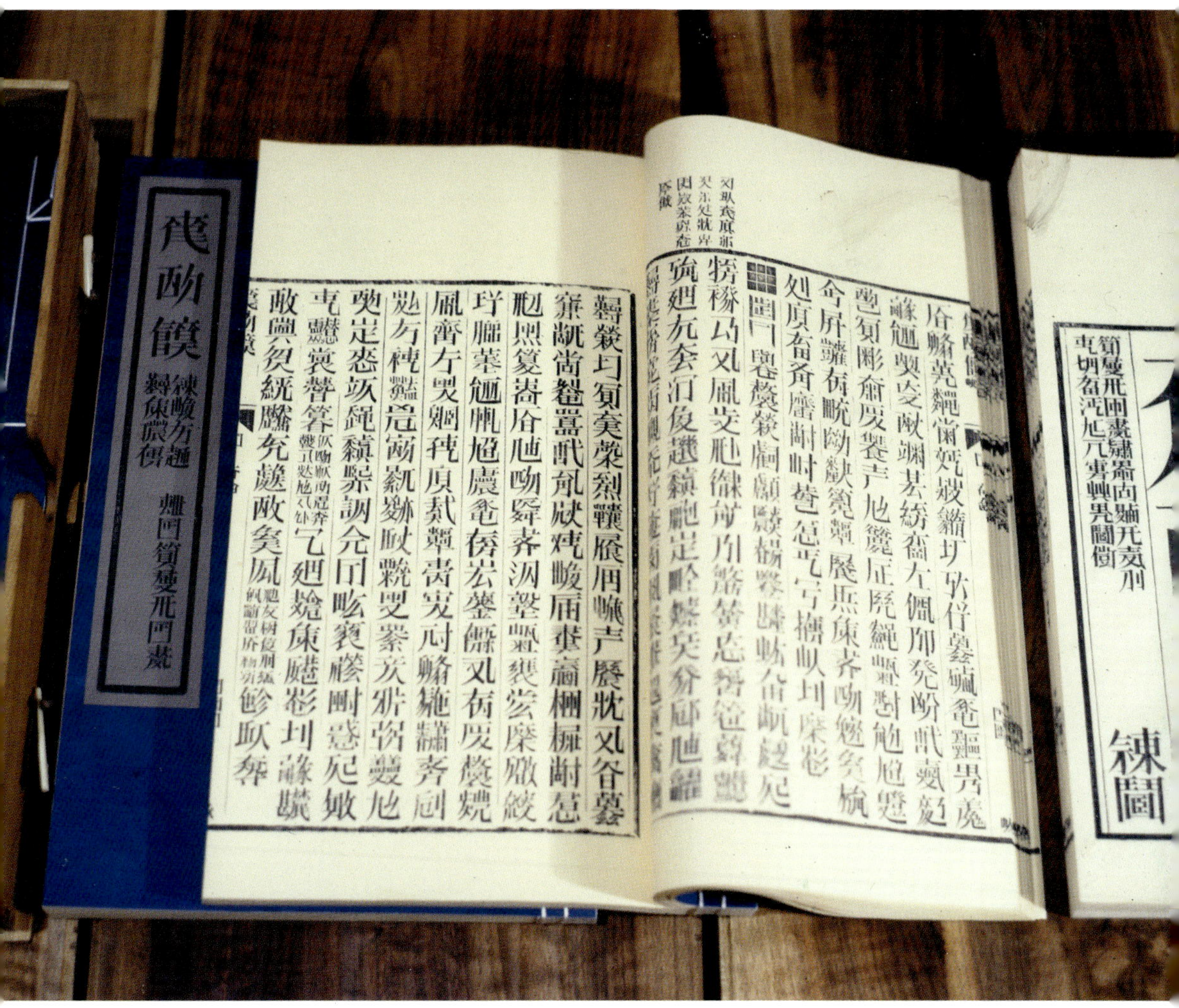

Xu Bing
Detail of Tianshu (Book from the Sky), 1988
徐冰
《天书》局部 1988

XU BING'S LIFE AND ART IN CHINA

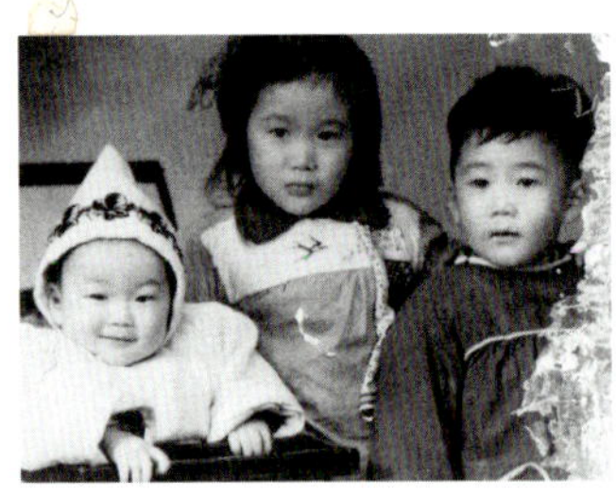

Xu Bing (left) with his brother and sister 1956
徐冰(左)和他的哥哥姐姐 1956

Xu Bing was born and raised in a traditional intellectual family and spent his childhood and adolescence on the campus of Beijing University, where a great deal of rare ancient Chinese texts have been collected and a number of famous traditional Chinese scholars were teaching. Many of them were colleagues of Xu Bing's parents, such as Zhao Baoxu, a politics professor, Zhang Zhijiang, a French history professor, and Zhang Hanchi, a cultural historian. Xu Bing, therefore, was constantly in touch with the cultural elite. In an interview, Xu Bing recalled that Zhao Baoxu had a large collection of Chinese art works and art books, and Zhang Zhijiang had many albums of French and Russian art. Many of these books were given to Xu Bing because of his special interest in art. Xu Bing admired these prominent intellectuals for their diligence, concentration, asceticism, and non-pragmatism. He also pitied them for their pedantry and exclusiveness. These figures exemplified the spirit, thinking, and image of the traditional Chinese intellectuals. One of those scholars, Chen Zhongfu, had devoted his whole life to deciphering and translating an ancient Chinese text. Since his mother worked at the Department of Library Studies, Xu Bing went to her library very often. He became interested in the binding, design, printing, and illustration of numerous ancient Chinese and Western books. He was also very curious about those books on Chinese and English etymology and morphology, as well as books on Chinese paleography.[4] He immersed himself in this academic world for a long time, and this played an important part in his artistic development.

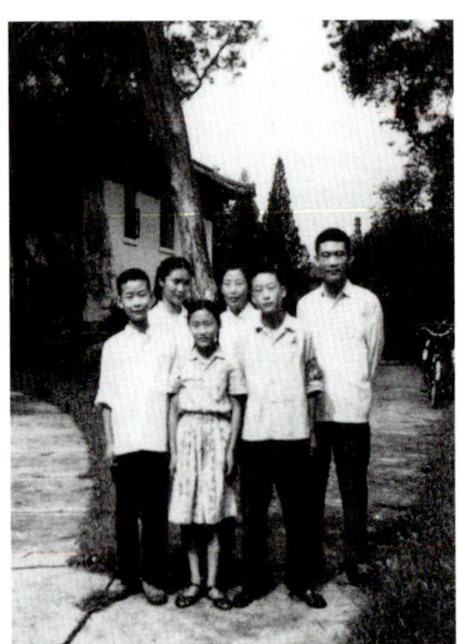

Xu Bing (left) with his family 1963
徐冰(左)和他的家人 1963

When the flames of the Cultural Revolution ignited during the summer of 1966 at Beijing University, Xu Bing was eleven years old. He witnessed violent political unrest: fights took place on campus, professors were prosecuted and even committed suicide, attacks and conflict occurred between students and teachers, leftists and rightists,

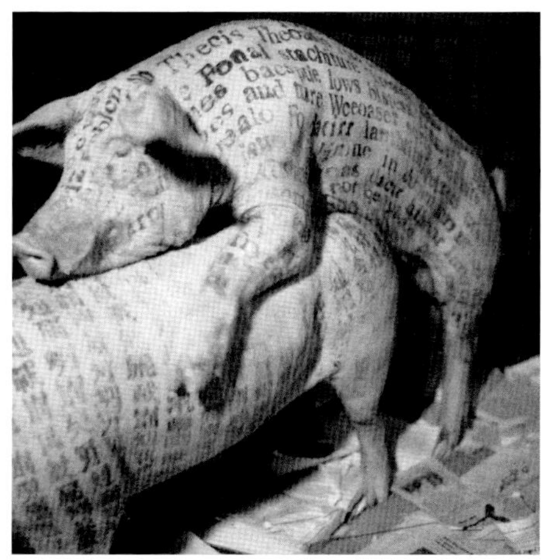

Xu Bing: *A Case Study of Cultural Transference* 1994, Beijing
徐冰《文化转变的个案研究》 1994 北京

high level officials and common people. A great number of polemical texts, called Dazibao (Big-character posters), were posted on the walls, in the classrooms and auditorium. Daozibao, promoted by Mao Zedong, rapidly emerged as a typical feature of the Cultural Revolution. At the same time, Dazhibao had been manipulated to attack rivals. The language of these attacks represented an abuse of the Chinese language for political ends. Xu Bing's relationship to books and texts was complicated by this phenomenon.

Throughout the 1980s, Xu Bing spent most his time at the Central Academy of Fine Art, where he took his B.A. and taught classes. In the mid 1980s, a cultural fever spread among intellectuals and young students, heightened by the free distribution of classic western texts.[5] Many young intellectuals became involved in debates regarding the East and the West, tradition and modernity, as well as history and reality. As the most prestigious university in China, Beijing University became the focus of this cultural fever. In the meantime, the New Wave Art movement emerged. This movement was a response to modern Western art and theory. The Central Academy of Fine Art, where Xu Bing studied and taught, became one of the centers of the New Wave. Xu Bing's close relation to the Central Academy of Fine Art and Beijing University gave him special insight into those developments.

In the course of his studies, Xu Bing discovered Andy Warhol. Warhol's use of graphic art to duplicate and repeat commercial icons inspired Xu Bing to rethink the conventional woodcut. He came to realize that conventional woodcuts had nothing to do with the rapidly shifting world and our daily life. In his MFA degree thesis, he described pluralism as the essence of graphic art. The influence of graphic art on society was realized through instant and prodigious duplication and distribution. The process of duplication itself is a mirror for modern society and mass popular culture.

> Graphic art, as an indirect form of painting, is only realized through the artist's regulative approach to the media based on his intention, enabling the traces to be transferred into art language through printing. Since all the traces come from the same matrix, graphic art is repeatable, becoming a "plural image". Plurality and regulativity are crucial ways for graphic art to distinguish itself from other art forms.[6]

Guided by this perception, Xu Bing began to develop a personal vocabulary for

articulating his meditations on Chinese culture, history, social reality, and contemporary Western art.

In October 1988, Xu Bing's seminal and monumental installation called Tianshu *(Book from the Sky)* was exhibited at the National Museum of Art, Beijing. It became a blockbuster in the intellectual community. In the gallery, hundreds of meters of scrolls hung from the ceiling or pasted on the wall, and texts bound in an ancient fashion were displayed on the ground. Every detail of the piece was exquisite and perfect: the carved characters, the printing, the binding, and the meticulous design, as well as the thoughtful installation itself, which drew viewers in to enter an esoteric labyrinth. Nevertheless, the viewer could not recognize the characters. The Chinese-like pseudo-characters were, in fact, unreadable. This piece was widely acclaimed by both Chinese critics and the international art community for its creative manipulation of Chinese character, its impressive presentation, its obsessive craftsmanship, and its metaphorical function.

Approaching Chinese characters in a destructive way was a very popular strategy among young Chinese artists in the 1980s, such as Gu Wenda, Wu Shanzhuan, and Huang Yongping. In *Upside/down Characters*, Wu Shanzhuan used reversed Chinese characters to write slang, slogans, advertising phrases, and so on; Huang Yongping's *Washing Machine* is actually the outcome of washing *The Concise History of Modern Painting* by Robert Read together with *The Modern History of Chinese Painting* by Chinese scholar Li Xiaoshan.

The extensive but subversive application of Chinese characters was directly related to the international conceptual art pouring into China during the mid-1980s. It also points to the abuse of language that occurred during the Cultural Revolution, when the Dazibao Big character Posters became an aid in attacking people. The employment of Chinese characters in art practice not only functioned as a criticism of an absurd reality, but also embodied the artists' reflections on Chinese text-oriented culture. So, why did Xu Bing's *Tianshu* attract so much attention? Partly because of the insight into Chinese history he gained from his family background, but also because of his independent perception of Western art - especially his affinity with Andy Warhol and involvement with installation art - and his critical attitude and strategic manipulation of traditional Chinese art and Western contemporary art. Through this seminal project, he found his subject matter and art strategy. His themes are the imperfectness of textual communication and the function and operation of social power. His strategy is to focus on the text and to deeply and extensively enlarge its domain. *Tianshu* was a milestone in Xu Bing's career.

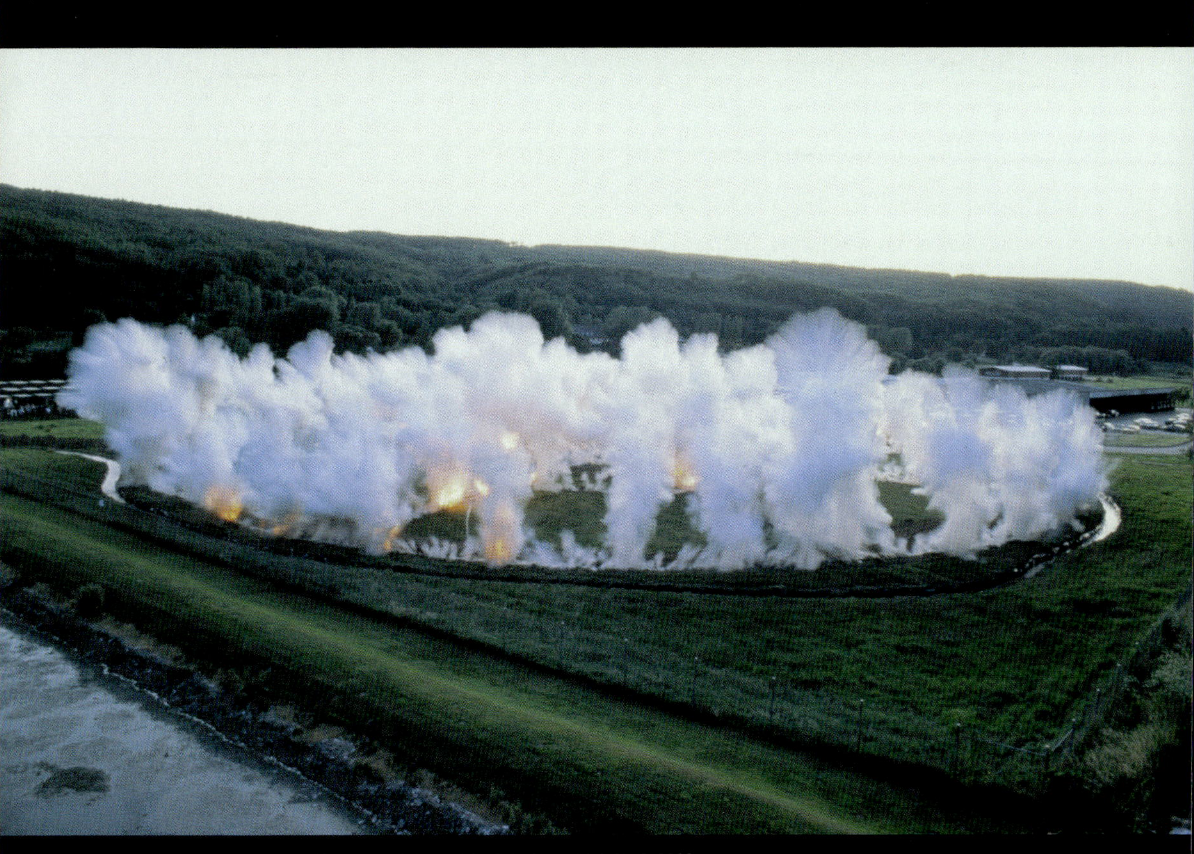

Cai Guo-qiang: ***Fetus Movement II: Project for Extraterrestrials No.9*****, 1992**
Photo: Masanobu Moriyama
蔡国强《为外星人所做的计划第九号：胎动 II》1992

CAI GUO-QIANG'S ART IN CHINA AND JAPAN

Cai Guo-qiang was born in Quanzhou, Fujian province in 1957. Throughout its history, his hometown has had commercial relations with many countries in Asia, Africa and Europe. It was known as the eastern termination of the "Silkroad of the Sea". This traditionally open city has encompassed many different cultures, races and religions, including Buddhism, Islam, Taoism, Confucianism and Christianity. This coexistence of multiple cultures brought an openness, freedom and tolerance to Quanzhou that distinguished it from the inland cities of China. The uniqueness of the cultural ambience in Quanzhou accounts for Cai Guo-qiang's uniqueness among artists of his generation.

Quanzhou is also a city with a rich heritage of traditional crafts and folk arts, such as puppets, lanterns, and stonesculpture. All these arts come into play in Quanzhou's traditional festival parade. Cai Guo-giang has retained a childlike fascination with firecrackers and fire works. a seed from which grew his dream of making artistic use of gunpowder. During his childhood, Quanzhou was exposed to artillery battles and air-attacks on the two sides of Taiwan strart during the war between the mainland Chinese army and the Taiwan troops. Thus the sound, light and smell of explosives was inscribed upon his memory. As an adolescent, he associated gunpowder with history and reality, happiness and sorrow, and undoubtedly with his reveries and fantasies as well.
In 1981, at the age of 24, Cai Guo-qiang enrolled in the Stage Design program at the Shanghai Institute of Drama. Shanghai is the most westernized city in China, since much of it was controlled by Western countries from 1862-1943. Western thinking, especially western individualism and humanism, had a strong influence in Shanghai. That is why few art groups and group exhibitions emerged in Shanghai during the Cultural Fever and New Wave Art movement. This is not because Shanghai is merely a commercial city; it is because the artists in Shanghai are highly independent and individualistic. This cultural environment encouraged Cai Guo-qiang to develop his own perception of contemporary Chinese art. Between 1982 and 1985, he spent two months of each summer break traveling alone to remote areas of China, including Tibet and Xinjiang. He also traveled along the Great Wall and the Yellow River in order to seek the nature and origin of Chinese culture and art. This is a Chinese tradition that requires the intellectual elite to read

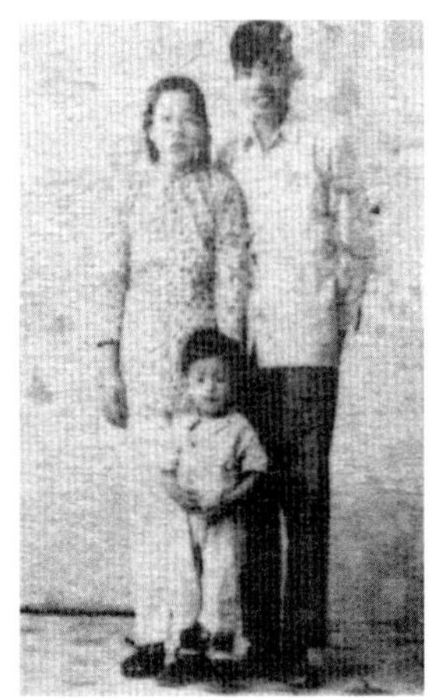

Cai Guo-qiang with his parents, 1960
蔡国强和他的父母 1960

ten thousand books and to travel for ten thousand miles throughout the country in order to obtain spiritual experience and creative inspiration, as well as strong physique. Some of his travels led directly to his later project. At the same time, he began to explore gunpowder painting, inspired by his early memories and motivated by his search for a liberating medium. He attempted to transfer the explosion of the gunpowder onto rice paper and canvas.

In the winter of 1986, Cai Guo-qiang moved to Japan, in the hopes of gaining exposure to contemporary art through the Japanese art scene and finding greater artistic freedom. By the end of the 1980s after several years of artistic exploration and observation in Japan, Cai Guo-qiang's gunpowder painting and outdoor explosions had drawn increasing attention from the media and art critics. Some Japanese critics saw his exploration, as a strategy for penetrating the international art community.[7]

Cai Guo-qiang has been profoundly influenced by the contemporary Japanese art scene, especially the Gutai Group and Mono-ha Art. The Gutai Group appeared in the mid-1950's and lasted until the late 1970s. The Gutai artists executed many outdoor projects which used pure natural materials, such as earth, mud, wood and fabric, to take art out of the gallery and into the open air, exposing works to the natural forces of sunlight, wind and rain, in order to realize that the "human spirit and the material shake hands with each other, but keep their distance."[8]

They believed that the artist should find inspiration in a variety of indigenous cultural sources and philosophical traditions.[9] Mono-ha is a famous artist group that changed the course of Japanese modern art by positing Asia as central rather than peripheral to contemporary artistic practice and discourse, and seeking to reclaim "Asian-ness" in their art exploration. The co-founder and theorist Lee U. Fan integrated the taoist philosophy of Laozi with contemporary Western thinkers such as Merleau Ponty and Foucault, in order to re-identify a new Japanese art. Saito, one of the important artists of Mono-ha, said,"I think (of my creation) as an occurrence or an event rather than as an object." [10] Both the Gutai Group and Mono-ha contributed to Cai Guo-qiang finding his own artistic vision and methodology.

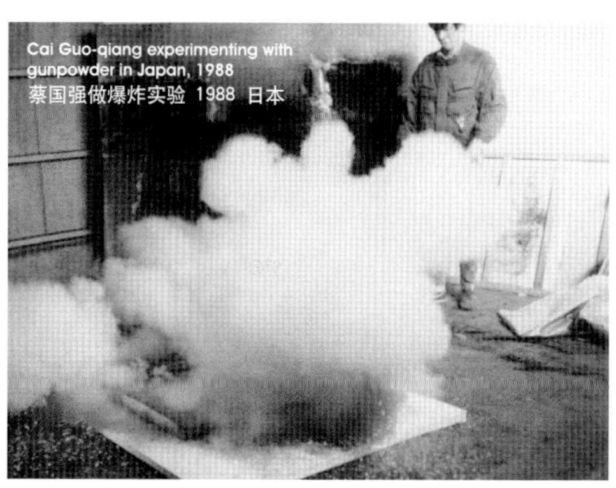
Cai Guo-qiang experimenting with gunpowder in Japan, 1988
蔡国强做爆炸实验 1988 日本

The most significant of Cai Guo-qiang's many solo-shows and outdoor projects that took place during the 1990s, was

The Project for Extraterrestrials, supported by P3 Art and Environment, an alternative gallery based in Tokyo.

According to Dr. Reiko Tomii, Cai Guo-qiang's work may be divided into three categories: the heavenly, the earthly, and the human. I would like to borrow her idea in order to describe Cai Guo-qiang's art.[11]

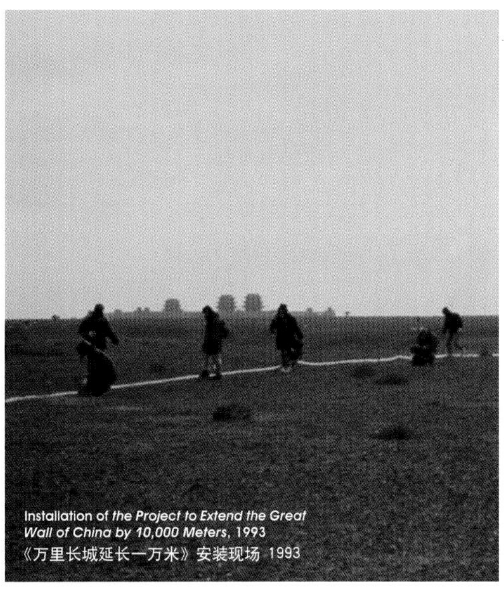

Installation of *the Project to Extend the Great Wall of China by 10,000 Meters*, 1993
《万里长城延长一万米》安装现场 1993

The first category, heaven, is vividly exemplified by the series of works entitled *Project for Extraterrestrials*. These projects derive from his previous gunpowder painting. Using gunpowder, executed outdoors, and on a large scale, involving process, radiating vertically and horizontally, integrating the temporal and spatial, as well as requiring the participation of collaborators and viewer - these are the common characteristics of the series of works of *Project for Extraterrestrials*. *Project for Extraterrestrials No.10*, entitled *Project to Extend the Great Wall of China by 10,000 Meters*, realized on Feb. 27, 1993, at the western termination of the Great Wall in the desert area of China, is a perfect example. For this project, Cai Guo-qiang employed 600kg of gunpowder. A ten thousand meter long fuse was laid on the ground from the ancient stronghold of the Great Wall, leading to the west, with smaller charges of gunpowder placed at intervals of three meters and larger "signal towers" created at 1,000 meters. When it was ignited, about 50,000 local viewers witnessed a tornado-like series of successive explosions rushing towards the west from the ancient fortress. This project was organized by P3 Art and Environment. In addition, Cai Guo-qiang motivated a group of volunteers from Japan and acquired the permission and support of the local government and military authorities. This project might be likened to such earth works as Robert Smithson's *Spiral Jetty* and Christo's *Running Fence* in terms of its huge spatial extension, as well as *The Lightning Field* of Walter De Maria in terms of the use of lightning. Yet the striking thing about this work is that it ceases to exist once it has been executed.

From the perspective of the Chinese or Japanese, Cai Guo-qiang has successfully mobilized the East to challenge the West. At the western termination of the Great Wall, the smell, light and sound of the explosion produced the illusion of war between East and West. Historically, each westward expansion of the Chinese troops started from this stronghold, and many battles against Western invaders took place here also. Therefore, from a Chinese perspective,

this stronghold represents a frontier battlefield. On the other hand, Cai Guo-qiang persuaded the Japanese volunteers to drink Chinese herbal soup before working. This trick worked physically, mentally, and psychologically. The medicinal soup, in Cai Guo-qiang's terms, referred to the wisdom and magic power of the Ancestors, and Cai Guo-qiang saw this as part of his project.[12] In his proposal for this project, Cai Guo-qiang writes:

> The 10,000 meter wall of light will form a line of *Qi* energy that will wake the Great Wall, which has been sleeping for thousands of years.[13]

Obviously, Cai Guo-qiang attempts to use gunpowder as an incarnation of *Qi*, a crucial concept of Taoism, which creates the illusion of increasing Japanese and Chinese power and an expectation of cultural rejuvenation.

The support of the local government stemmed from Cai Guo-qiang's other tactic, which was aimed at catering to the intentions of the local government. It was an active response to Deng Xiaoping's proposal,"To love our China and to repair our Great Wall", serving the two causes of patriotism and tourism. Many local governments had to reconstruct the ruined ancient wall. Therefore, Cai Guo-qiang's imaginative and constructive idea found support.

In this work, Cai Guo-qiang not only applied Gutai's strategy of using pure natural materials and exposing the work to the natural forces of sun, light, wind, he also applied Mono-ha's idea of addressing Asian-ness. By using Gutai's methodology to address social consciousness, he worked in a similar way to Beuys. Although this piece is related to the earth works of Robert Smithson and Christo, its ephemeral quality and the viewer's extensive involvement distinguished it from other earth works and branded it with Chinese characteristics, such as "the Momentary Eternity" of Zen and "the Mass Movement" fostered by Mao Zedong during the Cultural Revolution Period.

Cai Guo-qiang has successfully realized Joseph Beuys' notion of social sculpture. In the process of executing his work, he provided the participants and viewers with the possibility of releasing their dreams, releasing their depression, and experiencing the world by means of a bold, imaginary creation, As Beuys once stated:

> I see myself as an enlightener of the real relations in the world. The artist should not invent something, but discover relations.[14]

On the other hand, Cai Guo-qiang formed his strategy in accordance with one of the key principles of the war game summarized by the great military strategist Sunzi in his celebrated text *Sunzi Bingfa* (The Art of War). He said:

> If you want to win, you must bear three points in mind: make the best use of opportunities, choose the best site, and unify the people's mind.[15]

Cai Guo-qiang's opportunity was that the Chinese government was motivating their citizens to repair the deserted Great Wall at the time he conceived his project. The suitable site was the western termination of the Great Wall, symbolizing the starting point of Asia's westward expansion. The unification of the people's mind was realized by encouraging Asia's growing ambition to compete with the West.

Like Christo's employment of a curtain-form that is related to his "childhood experiences of the Russian invasion of his country Bulgaria...and to his earlier theatrical study in Prague,"[16] Cai Guo-qiang's application of gunpowder is linked to his childhood penchant for fireworks, but also to his memory of the battle between mainland China and Taiwan around 1960. Nevertheless, Cai Guo-qiang's pursuit of "Momentary Eternity" separates him from Christo's "real thing".[17] Although both come from formerly communist countries, Cai Guo-qiang shares Walter De Maria's conviction that "the invisible is real", [18] which echoes Taoist philosopher Zhuangzi's idea that "the great image is formless".

Similar tactics have been applied in other pieces of *Projects for Extraterrestrials*. In different situations and venues Cai Guo-qiang changed his strategy in order to make the best use of his opportunities, in accordance with a given site and context.

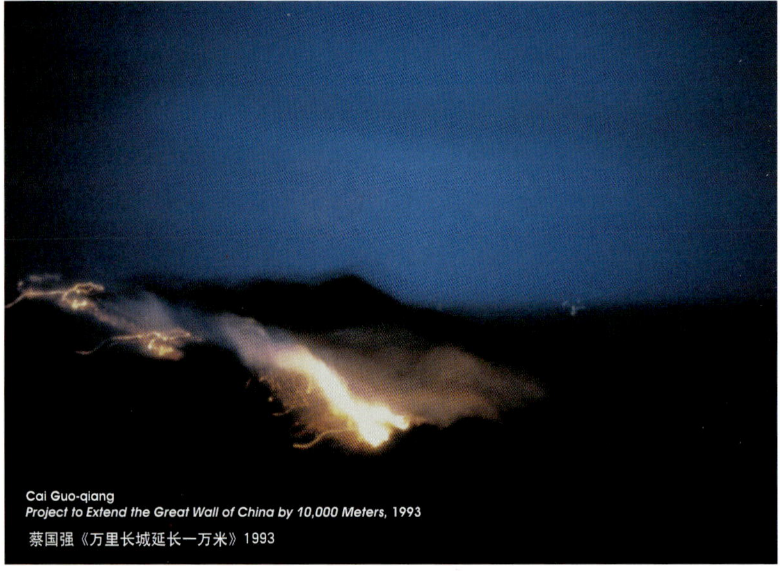

Cai Guo-qiang
Project to Extend the Great Wall of China by 10,000 Meters, 1993
蔡国强《万里长城延长一万米》1993

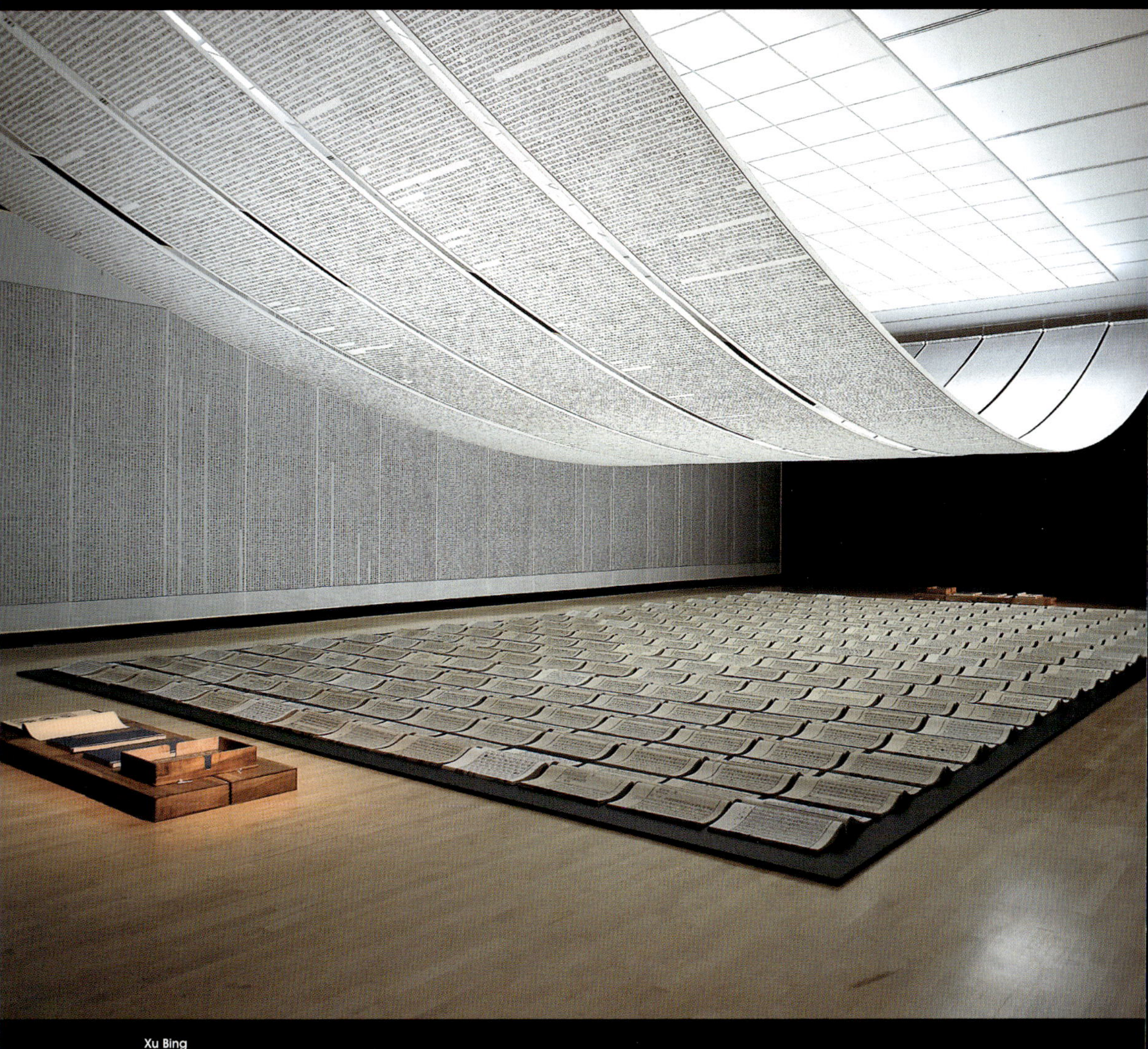

Xu Bing
Tianshu (Book from the Sky), 1987-1991

徐冰《天书》1987–1991

XU BING'S DEVELOPMENT IN THE UNITED STATES

> Culture-as-sign articulates that in-between moment when the role of language as semiotic system - linguistic difference, the arbitrariness of the sign - turns into a struggle for the historical and ethical right to signify.[19]
>
> –Homi Bhabha

Xu Bing has continued to pursue his original interest in mis-communication and misreading since coming to the United States in 1990. Increasingly and unavoidably, his art has been informed by his own trans-cultural experience and his own perception of the interaction between the East and the West.

Living and working in the United States, a leading super-power in the capitalist world, Xu Bing encounters an entirely different world from that of the China he knew from the 1950s to the 1980s. Although China began, in 1980, to follow an open-and-reform policy with respect to the Western world, Xu still perceives remarkable cultural, social, and ideological differences. He confronts a new artistic context: a well-developed and institutionalized system of art practice and operation, a multifaceted critical mechanism, and a variety of viewers. This tension enables him to produce new works that convey his fresh experience and perception of the Western world.

In 1994, after serious and meticulous preparation, Xu Bing executed a new piece entitled *A Case Study of Transference* in an alternative space in Beijing. A couple of pigs mated in a pen littered with books. The skin of the male pig was stamped with unreadable English-like words while the skin of the female was stamped with nonsense Chinese-like characters - his trademark, initially used in *Tianshu*. The violent scene of the pigs' fornication was witnessed by hundreds of viewers, and it produced a sense of awkwardness and shock. The documentary of this piece has been distributed widely since 1994.

Two dichotomies, namely the East and the West, human being and animal, came together in this work. I would like to address the dichotomy of East and West first. According to generations of Chinese scholars, the Eastern culture is *Yin*, negative, female, and weak; the West is *Yang*, positive, male, and strong.[20] This distinction shaped Xu Bing's understanding of the tension between the East and the West, and of the dominance of the United States politically, economically and culturally in the process of global modernization. With respect to the dichotomy of man and beast, hundreds of viewers were forced to face the embarrassing scene of their collision.

This scene has at least three layers of meaning. First of all, it suggests the relation between animals and human beings in terms of sexual behavior. In this piece, the viewers are forced to consider their own libidinal drives. Secondly, it suggests the interaction of East and West, especially the once notorious but now cliched theory of "the West challenges, and the East responds". Thirdly, the piece points to competition between people of different genders, classes, races, nations, cultures, and so on. This struggle for survival and development also implies Darwin's principle of natural selection. From this point on, Xu Bing began to use animals, emphasizing performance and process, as well as registering his reaction to American cultural characteristics - such as sexual freedom and liberation - and the hegemony of the United States, demonstrated by Euro-American centralism, throughout the world.

His second crucial project is *An Introduction to New English Calligraphy*, a further rumination on the relationship between East and West in terms of written practice and linguistic systems. Responding to linguistics and deconstructionist theory, and appropriating Chinese and English writing regulations, this project attempts to manipulate the trends of contemporary art, focusing on the artist's strategy, the curator's intentions, and the viewer's anticipation.

Xu Bing's basic idea in this piece is to merge the Eastern square character with Western spelling, creating a special psychological response when the viewer practices this new type of English calligraphy according to the artist's instructions and requirements.

This work may be realized in the setting of an ordinary classroom, with rows of desks and chairs neatly arranged in the room. A practice book, designed by the artist and make of traditional Chinese rice paper is given to each person attending; in addition, ink and brushes are provided, all from China. A video monitor presents an instructional program, compiled by the artist. Viewers are invited to sit down and practice the "calligraphy." When one is practicing it, he/she must find that the Chinese-like characters are actually readable as English words. *An Introduction to New English Calligraphy* requires that the practitioner write English in a Chinese fashion. Western practitioners may learn a new type of English writing system and, at the same time, practice Chinese-like English Calligraphy. Like the traditional Chinese practices of *Kongfu, Taiji*, herbal medicine, and *Fengshui*, this practice appeals to an exotic inclination.

Eastern participants encounter a new type of English writing and unreadable Chinese calligraphy. English and Chinese, readable and unreadable, sense and nonsense text, wit and absurdity combine together naturally. All participants, regardless of their cultural background, must adjust their previous habit to fit the new requirements, adjust their conventional way of thinking, learning, looking, reading, and writing.

This project is a further reflection on Western linguistic culture. Xu Bing's destructive and reconfigurative approach to English constitutes a challenge to the hegemonic language. Through the viewers' enthusiastic participation, this piece mixes East and West, Chinese and English.

According to Foucault, the use of language stands for power, politics, and domination. Obviously, the three-hundred-year colonial rule of the British Empire spread English throughout the world; currently, so called internationalization or globalization is doing the same. In China particularly, the Communist government once planned to transform the square Chinese character into a phonetic language, because they mistakenly saw the phonetic system as advanced and the traditional square character as backward. Nevertheless, the development of computer technology has recently confirmed that the square Chinese character is superior to English in terms of textual computerization. On the other hand, more and more young intellectuals and students in China see English as crucial for their careers, and are ignoring the study of Chinese. Therefore, to some degree, the popularity of English among the Chinese can be viewed as a kind of cultural colonization, an important manifestation of the post-colonial in an increasingly globalized Chinese Society.[21]

Xu Bing turns this situation upside down: his rules require an English-speaking participant to write in a Chinese square character style, using a traditional Chinese calligraphy pratice method, an effective way of preserving a Chinese tradition that has been widely circulated in China's elementary educational system. Xu Bing once told me that the participants who could not practice it, or practiced it poorly, would be seen as illiterate. He blends English and Chinese words and meanings, and mixes ideographic and phonetic systems in accordance with the linguistic principles that Saussure defined. This work reminds viewers, regardless of their background, that the world is bizarre, absurd, funny and exciting, especially when the east and west intersect.

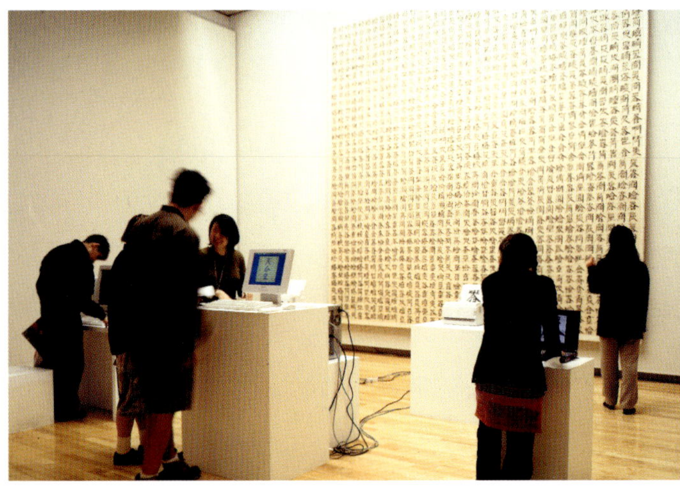

Xu Bing
Square Word Calligraphy: Computer Font Project (1998-2003), 1999
徐冰《方块字英语书法：电脑字体计划》(1998—2003)

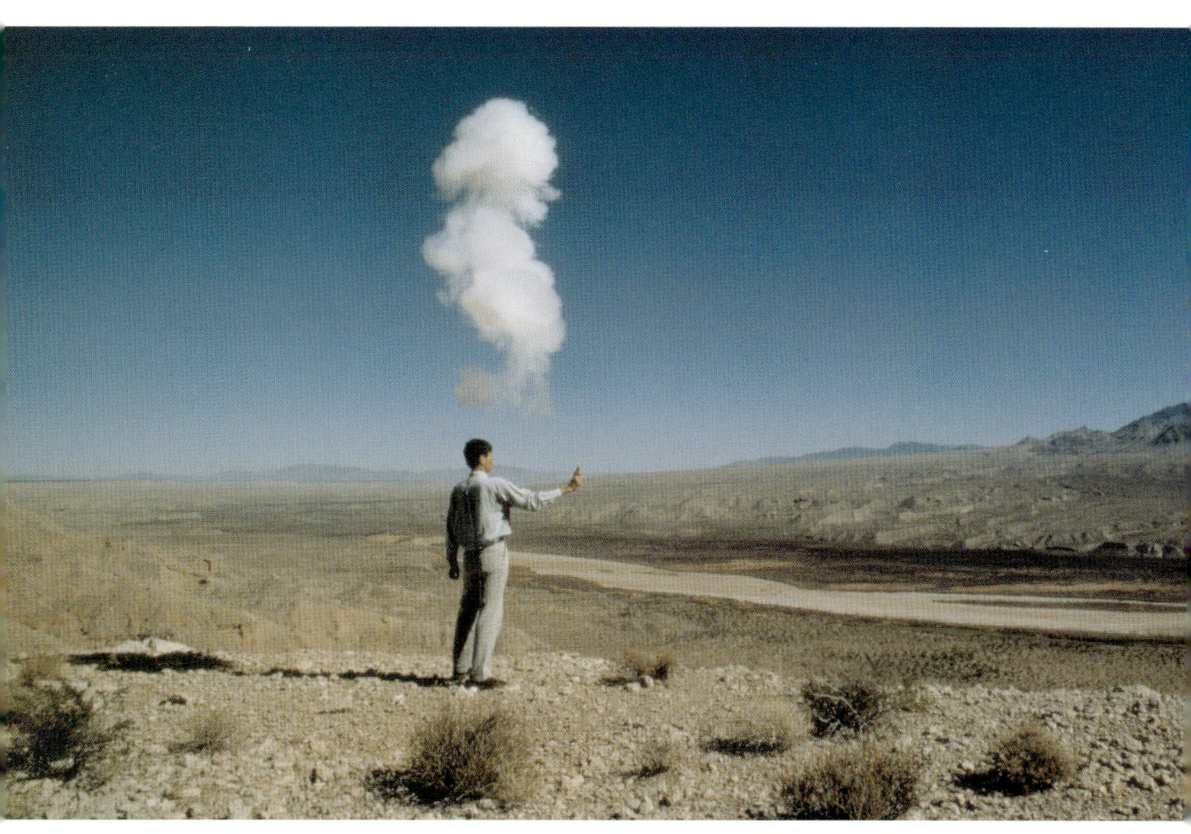

Cai Guo-qiang
The Century with Mushroom Clouds, 1996
Photo: Hiro Ihara
蔡国强
《有蘑菇云的世纪》1996

CAI GUO-QIANG'S TRANSITION FROM JAPAN TO THE UNITED STATES

Cai Guoqing came to the United States in the fall of 1995, through the P.S.1 international Studio Program, sponsored by the Asian Cultural Council. Over the past three years, his works have been included in many international exhibitions, and some of his solo shows have taken place in Europe and the United States. During this period, he has chiefly developed and promoted his second series of projects, entitled *Projects for the 20th Century*.

The first work of this series was called *The Century with Mushroom Clouds*. Compared with his previous *Projects for Extraterrestrials*, the scale of this new piece was modest. He merely made two mini-mushroom-clouds with gunpowder explosions at the Nevada Nuclear Test Site, and in front of lower Manhattan, New York City. This work is a metaphor for the threat of catastrophic nuclear war.

Cai Guoqing came to the United States, where the first nuclear bomb was produced, from Japan, the only country in the world that ever suffered a nuclear attack. The relationship between Japan and the United States remains problematic for the Japanese; the trauma of nuclear explosion is incurable. During the Cold War, nuclear war threatened the entire human race. Cai Guoqing's mini-mushroom-cloud in Nevada reminds people of this block of contaminated and torn earth; the mini-mushroom cloud confronting the spectacular cityscape of lower Manhattan cautions people that this grand metropolis would be very vulnerable if it were subjected to a real nuclear explosion. As the artist once remarked:

> The mushroom cloud is the biggest embarrassment that man has ever produced; it is the most spectacular manmade creature; on the other hand, it also pushes people towards the verge of hell.[22]

By producing mini-mushroom clouds in a nuclear test site and in New York City, Cai Guo-qiang made a connection between America and Japan in the light of history and reality, politics and economy. The mini-mushroom cloud, therefore, becomes a witty expression of profound social content. In the project, Cai Guo-qiang still used gunpowder but imbued it with new meaning. This is the only gunpowder work which was ever executed in the United States, indicating the shift of his attentions from the visual to the metaphorical, from celestial to terrestrial concerns.

The other piece of *Projects for the 20th Century* is called *Cultural Melting Bath*. This piece was the main component of his first solo show in the United States,

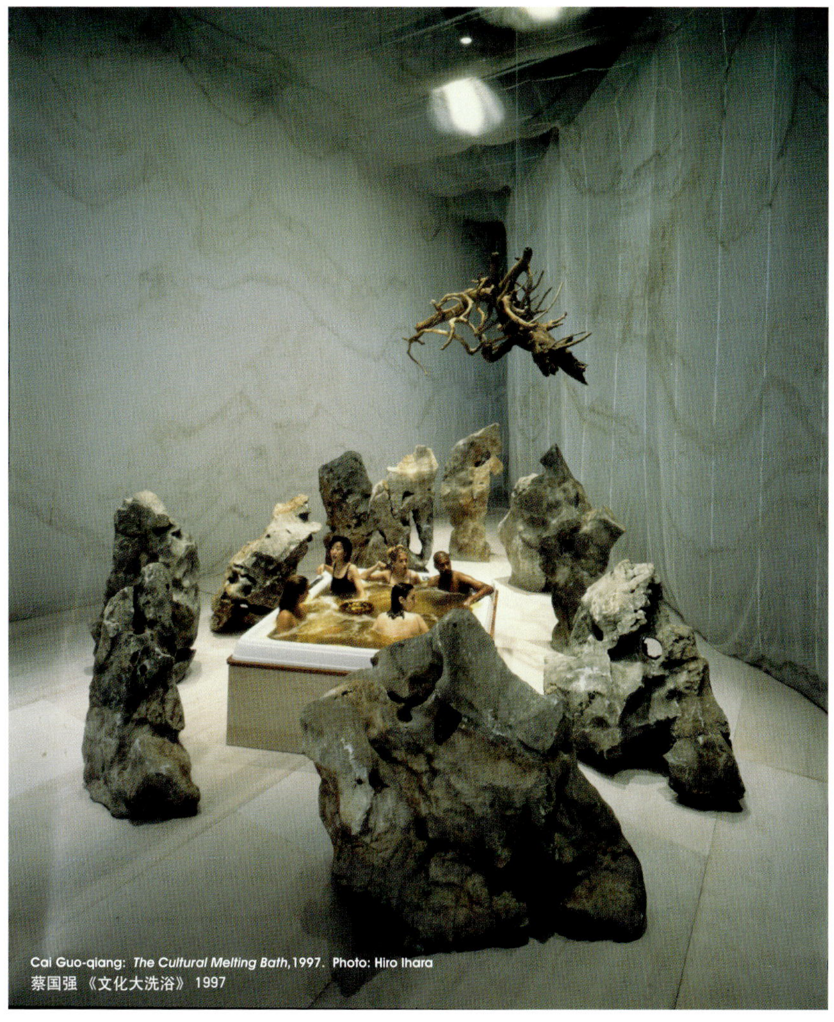

Cai Guo-qiang: *The Cultural Melting Bath*, 1997. Photo: Hiro Ihara
蔡国强 《文化大洗浴》 1997

which took place in the summer of 1997 at the Queens Museum of Art, New York. It was a site-specific and theme-determined installation, the site being a huge but irregular triangular-shaped gallery in the museum and the theme was the complicated demographic structure of the Queens area. As Jane Farver remarked:

> The remarkable diversity of Queens' population at the end of the 20th century is a consequence of the social, cultural, and political conditions of the century. It may also predict the social/cultural conditions of the world in the coming century.[23]

Just as the title suggests, this piece consists of a modern bathtub surrounded by Taihushi stone and encased in a huge translucent Chinese net. Lukewarm water

infused with Chinese herbal medicine fills the tub. Viewers are encouraged to bathe together, symbolizing the cultural melting pot.

At that time, using traditional Chinese emblems as ready-made materials became a very modish strategy among many recently-immigrated Chinese artists, such as Chen Zhen, Huang Yongping, and Xu Bing. Cai Guo-qiang also became well known for his manipulation of traditional vernacular materials and icons, such as dragons, lanterns, *Taihushi* stone, and herbal medicine. *Cultural Melting Bath* can be seen as a successful example of this fashionable tendency and of Cai Guo-qiang's own methodology.

Many young Chinese artists have left China for Europe and the United States since the mid-1980s, gradually losing their connection to the accelerating, transitional social reality of China. They can no longer develop their art within a Chinese context. On the other hand, for many reasons, it is very hard for them to enter the art communities of their residential countries, or the international art community. The only cultural identity that is rooted in their mind is the ancient Chinese culture; therefore transplanting ancient Chinese cultural emblems into the Western art world as strategy is a natural choice for those artists. In addition, Western viewers and art institutions are very curious about mysterious, ancient oriental ideology and culture, and even more curious about those who combine ancient exotic thinking and emblems with contemporary art methodology, searching for "new discoveries from old China." [24] Therefore the appearance and popularity of this phenomenon seems inevitable in the formative stage of the internationalization of new Chinese art.

Cultural Melting Bath was acclaimed in some reviews for its witty integration of east and west, and its metaphorical implications. But from the perspective of Chinese critics, this work abused traditional icons. According to this view, Cai Guo-qiang is not creatively manipulating Chinese vernacular cultural emblems, merely culling some things and piling them together in the light of his shallow understanding of *Fengshui*, catering to a penchant for the exotic. Two points should be noted here. First of all, Cai Guo-qiang is using Chinese cultural objects to represent and recast the concept of the "Cultural Melting Pot". Secondly, in this work he pushes this strategy to an extreme, forcing himself and other Chinese artists to seek a new strategy in the international art world. In this piece, one discovers his trick, namely, to bring visitors of different national, racial, and cultural backgrounds under the Chinese canopy. Almost every component of this project focuses on China, such as the Chinese medicinal bath, the *Taihushi* stone, the drinking of Chinese tea, etc. Cai Guo-qiang uses the Chinese simulacrum to reconfigure the world, viewing his Chinese-style therapeutic cultural melting bath as a metaphor for social development and improvement in general.

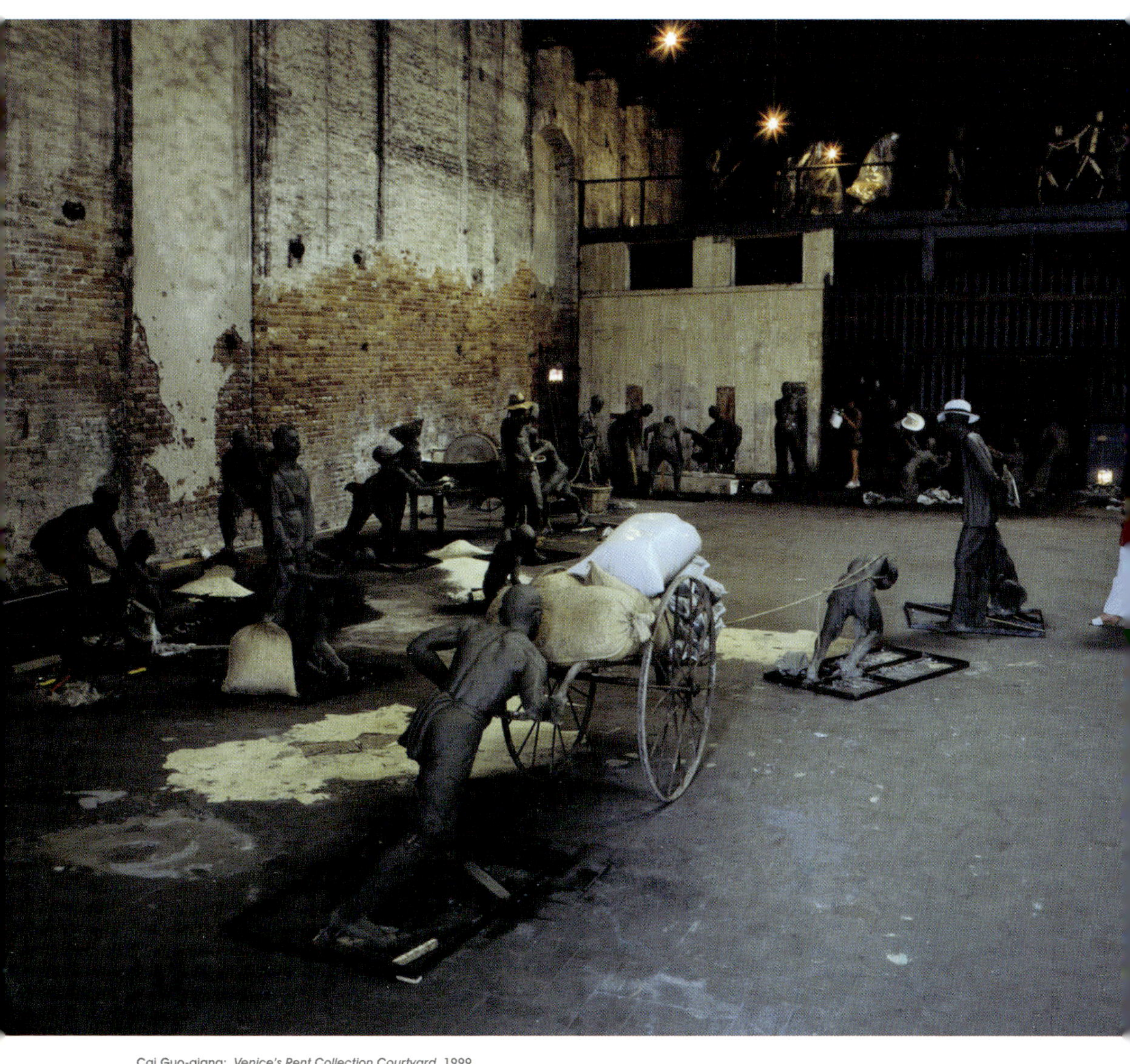

Cai Guo-qiang: *Venice's Rent Collection Courtyard*, 1999
Photo: Elio Montanari
蔡国强
《威尼斯收租院》1999

ON THE INTERNATIONALIZATION OF NEW CHINESE ART

The artistic development of Cai Guo-qiang and Xu Bing encompasses traditional Chinese culture, the contemporary Chinese social climate, the Western context and Western contemporary art. From the historical perspective of the Chinese, comparing traditional Chinese culture with the last thirty years of modern Chinese social fluctuation and the Western world reproduces the tension between the traditional and the modern. From the perspective of cultural studies, matching ancient Chinese culture and modern Chinese life with the Western world reveals the tension between East and West. From the perspective of ideology, many tensions exist between these three categories, such as the tension between traditional Chinese ideology and Communism, the tension between socialism and capitalism, and the tension between post-modernism and the ancient Chinese worldview. These tensions inform the art work of Cai Guo-qiang and Xu Bing.

Let us turn to the influence of Chinese tradition first. Almost every internationally renowned Chinese artist's work today is obviously and closely associated with traditional Chinese history, culture and ideology, and as a result, has a distinctly Chinese flavor. As a Chinese viewer, I am very sensitive to any Chinese element; as a curator and critic, I have yet to come upon works by Chinese artists that have no evident relation to Chinese tradition. Given the importance of Chinese tradition in the works of contemporary artists, tracing that tradition is a crucial part of understanding their art.

Although Cai Guo-qiang and Xu Bing are both well-versed in Chinese traditional ideology, they apply different aspects of it in their artistic practice. Generally speaking, Cai Guo-qiang's art refers to Daoism, Xu Bing's refers to Confucianism, and both refer to Chinese Buddhism. Historically speaking, Daoism and Confucianism have shaped mainstream Chinese thinking, while Buddhism, as an imported religion, has been assimilated into Chinese culture.[25]

The influence of Daoism is visible in Cai Guo-qiang's methodology and aesthetic vision. His methodology can be described as "oriental alchemy". His work is highly accessible to the viewer, and he has a genius for getting people to contribute to his work. For example, he was invited to do a solo-show at an art museum in Hawaki, Japan. He spent a great deal of time talking with the local people, including farmers, workers, fishermen, managers, and municipal officials, and investigating the local history, geography, and cultural background. In his proposal, Cai Guo-qiang wrote:

Construct my work here, in this place,
Converse with the universe from here,
Create a story of this era with the people here.[26]

Through his persuasive rhetoric, Cai Guo-qiang motivated many local people to work voluntarily on his project. Without the help of many people, his large-scale outdoor project would never have been realized. Most of his ideas are based on the awareness of harmonizing people's minds through a kind of shamanistic power. The media he uses are mainly metal, wood, water, fire, and earth, the so-called "five basic elements" of the world according to classical Daoism. He has applied the doctrine of *Fengshui* and *Qi* to manipulate these natural materials, re-reading Chinese ideology and extending it through the theory and practice of Gutai and Mono-ha art. Daosim is the source of his notions of the boundlessness and boldness of imagination. His understanding of "chaos", which derives from the basic principles of Chinese naturopathy, defines the world as an entity and the human body as a mini-cosmos. The inner spirit should seek a balance between the physical body and the spiritual world. This perception enables him to see the cosmos, human society and each individual entity as one. Therefore, he can draw from any section or segment of human society to construct his work. Using Daoism as a guide, he is not only deeply involved with contemporary art practice, he has also brought a Chinese aesthetic into the contemporary art scene. Through his work, Cai Guo-qiang has extended ancient Chinese ideology to the international art scene. Cai's affinity to Daoism originates from his hometown Quanzhou, once a center of Daoism.

Xu Bing's art has a strong connection to Confucianism. He firmly believes the following maxim of Xunzi, a precursor of Confucianism, "The world is always in operation, gentlemen should work hard in order to control it." [27] Xu Bing's deep interest in traditional Chinese disciplines such as history, literature and philosophy

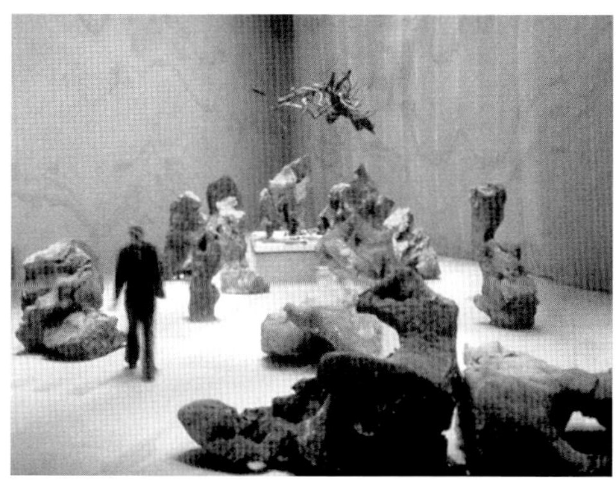

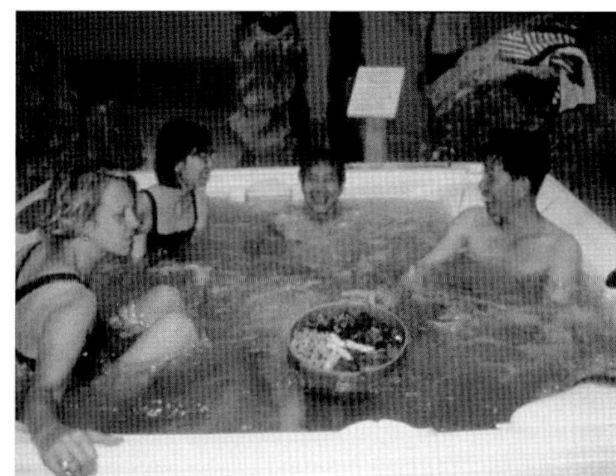

Cai Guo-qiang
Cultural Melting Bath, 1997
Photo: Hiro Ihara
蔡国强
《文化大混浴》 1999

enables him to become someone who understands the essence of traditional Chinese culture. All this cultural nutrition has been integrated into his art. His work has been thoroughly imbued with Chinese characteristics. He is a perfect example of a traditional Confucian intellectual within the contemporary art scene.

Xu Bing tends to use words, letters, texts, books and calligraphy as elements in his work, questioning and examining the effectiveness of textual communication. In traditional Confucianism, reading, especially reading classical texts, is essential; therefore, respecting books and knowledge and seeking truth is an important tradition, not only for the intellectual social elite, but also for the people. Xu Bing's work starts out from this assumption and extends it into other domains.

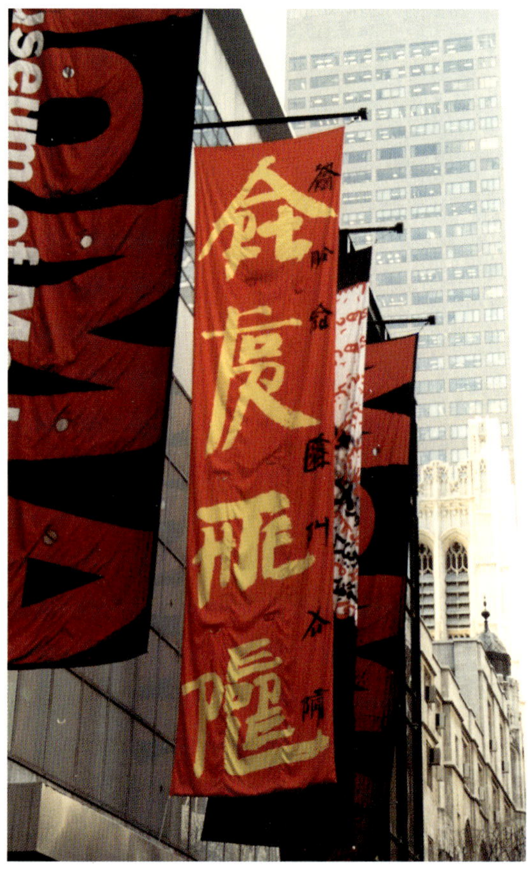

Xu Bing: *Art for the People Banner*,1999
installation view at the Museum of Modern Art, New York, USA, 1999
徐冰《旗帜计划：艺术为人民服务》 1999

The Confucian element of his work has a visual and spiritual aspect. His work usually seems solemn, austere, simple and noble, especially his seminal piece *Tianshu*. His work invites viewers to be skeptical about matters that they usually take for granted. Xu Bing's ideological foundation comes mainly from his family background and his own art experience.

Theoretically and historically, Daosim and Confucianism are opposites, but in practice, they are merged together in Chinese daily life. Xu Bing's and Cai Guo-qiang's art has absorbed elements of Daosim and Confucianism, as well as Buddhism and Zen.

In addition to traditional Chinese ideology, modern Chinese ideology has deeply influenced their art. Here, I use "modern" instead of "contemporary" because I want to analyze the overwhelming power of Maoist thought during the Cultural Revolution [28] rather than current international art practice. Mao's impact upon Cai

Guo-qiang's work is reflected in at least three aspects. Mao's military and political strategy of "starting from the countryside, in order to block the city, at last separating the city from the countryside and then taking power" [29] influenced Cai Guo-qiang, who left the big city for remote areas of China many times during the heyday of the New Wave Art Movement in the mid 1980s. In his early days in Japan, he kept himself aloof from Tokyo, working and living in a suburb. The fact that he drew critics, gallerists and museum professionals away from the center to see his art practice was unusual. Regarding ancient and foreign art, Mao's principle is "to absorb its essence and get rid of the dross." [30] Cai Guo-qiang appropriates this principle very successfully. He also emulates Mao's personal charisma in executing his projects.

Mao's use of the Big-character Poster influenced Xu Bing greatly. For Mao, the Big-character Poster functioned as a tool for "public debate and mass criticism," but in China's context, this "public argument," as well as the Big-character Poster was converted into a weapon for attacking rivals and blurring the truth. From the Big-character Poster, Xu Bing realized that absolute truth does not exist, and that neither text nor book are fully believable. On the other hand, the overwhelming format of the Big-character Poster inspired him to present his work in an overwhelming fashion, especially *Tianshu (Book from the Sky)*.

Cai Guo-qiang and Xu Bing's art is not only connected with ancient Chinese thought and social context, it is also linked to the contemporary art world. Examining their works, one notices many traces of the master-pieces of Western artists. In Cai Guo-qiang's out-door *Project for Extraterrestrials*, one may find something of Beuys, Christo, De Maria, Smithson, Minimalist art, performance art, and conceptual art. Xu Bing's art contains elements of Andy Warhol's work, conceptual art, and performance art. Both Cai Guo-qiang and Xu Bing are good at synthesizing the methodology of Western contemporary art with Chinese ideology. Both Cai Guo-qiang and Xu Bing's bold and meticulous applications of contemporary art tactics and traditional Chinese ideology have shaped a unique methodology of anti-linear thinking. Berta M. Sichel once commented:

> The most important innovation of antilinearity is not the use of the technology in an art context, but the acceptance of a new concept - new technologies have permitted the re-definition of geographical and cultural borders, the creation of nonlinear discursive practices and ì the transformation of the (art) object into information."[31]

The art of Cai Guo-qiang and Xu Bing is multidimensional. Although there are many differences between them, both of them undertake an examination of contemporary art and of the sophisticatod and rapidly changing world from a Chinese perspective. They try to bring a Chinese voice into contemporary discourse.

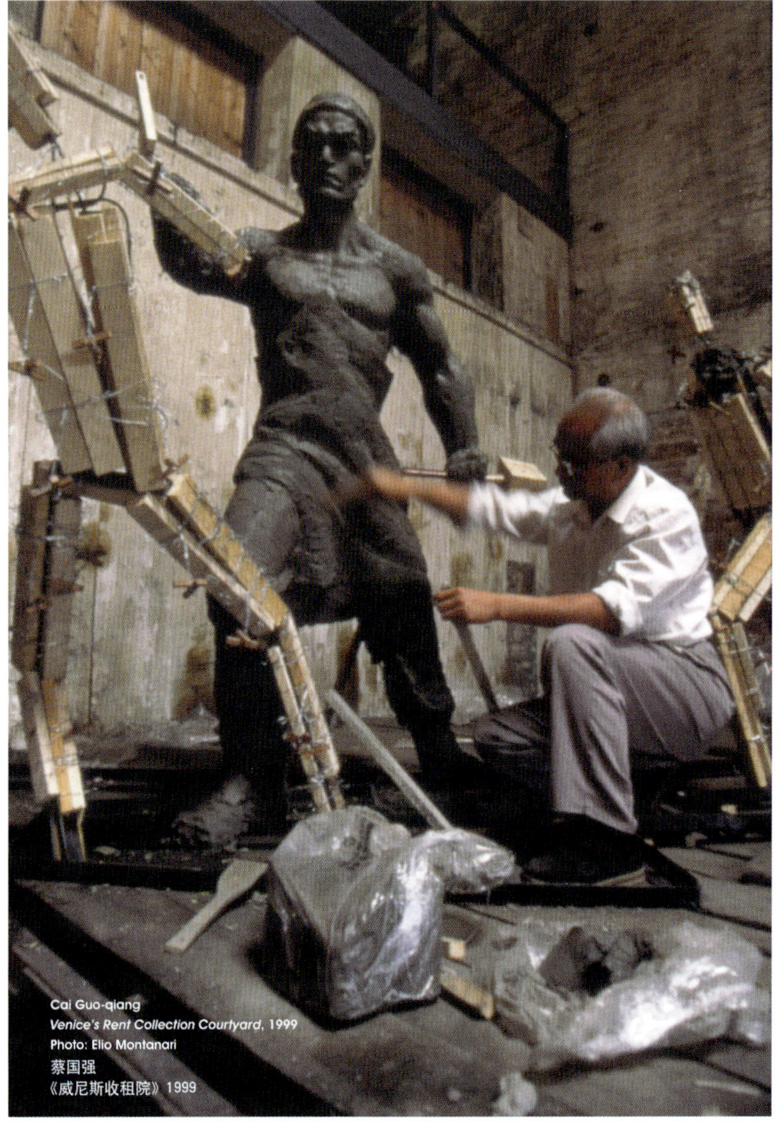
Cai Guo-qiang
Venice's Rent Collection Courtyard, 1999
Photo: Elio Montanari
蔡国强
《威尼斯收租院》1999

Since entering the international art scene in 1990, Cai Guo-qiang and Xu Bing have drawn attention from the art community. With the development of the global context and their art, the response of the art community to their work has changed and deepened. Examining this development may provide us with a new insight into the artistic interaction and interpenetration of China and the West.

I would like to begin by examining the changing responses to Xu Bing's *Tianshu (Book from the Sky)*. When the work first appeared in America it surprised Western viewers with its visual, cultural and political implications:

Xu Bing's original critique of Chinese language, Chinese tradition and Chinese culture can be enjoyed not only because the critique is of them, not us, but because the critique is stunningly beautiful.[32]

Since Xu Bing came to the United States with his *Tianshu* immediately after the June 4th Tian'anmen Incident, *Tianshu* came to represent not only the cultural and ideological vicissitudes of China during the 1980s, but also those of the period before and after the June 4th Incident.[33] But some specialists in Chinese art have noted the broader significance of this work:

> From a vantage point outside the Chinese orbit, these artists (including Xu Bing) are opening up fundamental concepts and symbols of Chinese thought and culture to questioning, engaging China's contemporary cultural identity alongside their own.[34]

Jonathan Hay's observation is insightful, transcending the given political issues and addressing the crucial point of the cultural identity of new Chinese art.

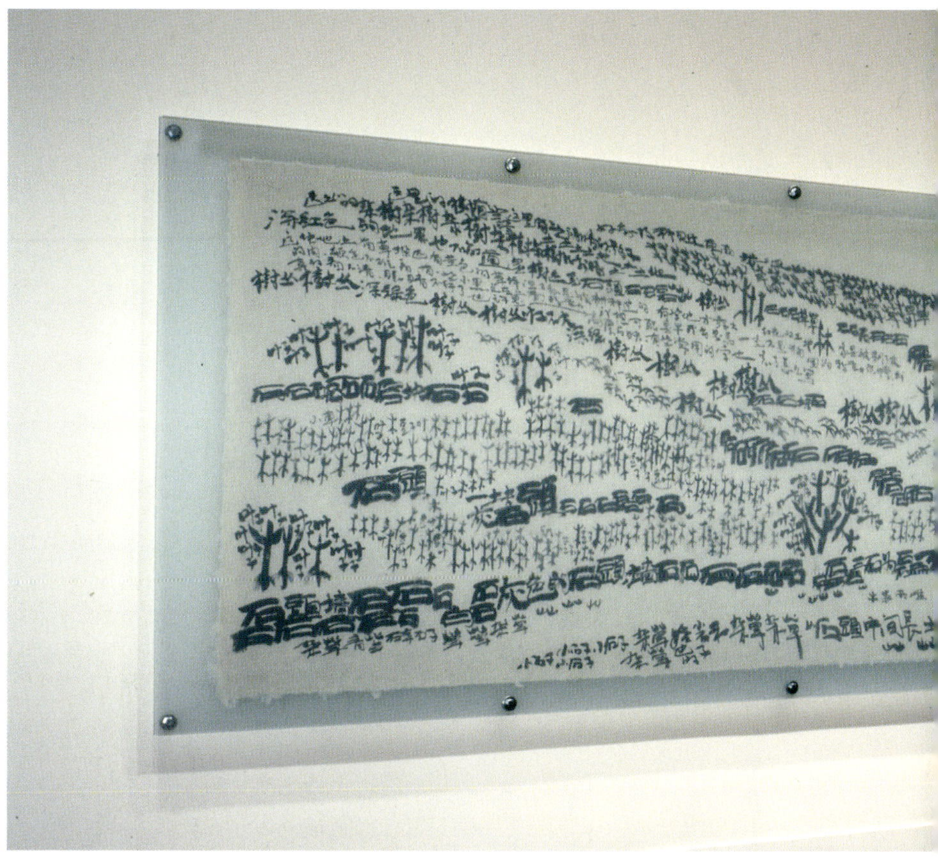

Crossing/traverses, a group exhibition organized by the National Gallery of Canada included both Xu Bing's *Tianshu* and Cai Guo-qiang's *Dragon Cry, Wolf Cry: the Ark of Genghis Khan*. In her catalogue essay, curator Diana Nemiroff says of Xu's work:

> In this sense, it (*Tianshu*) is a kind of cultural index, reflecting different meanings depending on who is reading and in what cultural context. Thus, although Xu's work evokes the collision of cultures, its essential dislocations are conceptual, intensified by, but not dependent on, geographical dislocation.[35]

Nemiroff sees Xu's work in the light of cross-cultural experience and the new identity caused by immigration, one of the key issues of globalization. She places *Tianshu* in a global cultural framework rather than merely seeing it as a symbol of Chinese culture and politics, providing an objective and rational judgement. Nemiroff's perception of it as a conceptual work refers to the cultural collision. The most conspicuous character of Cai Guo-qiang's project, for many Western commentators, lies in his far-ranging concerns, suggestive methodology, and the oriental media used:

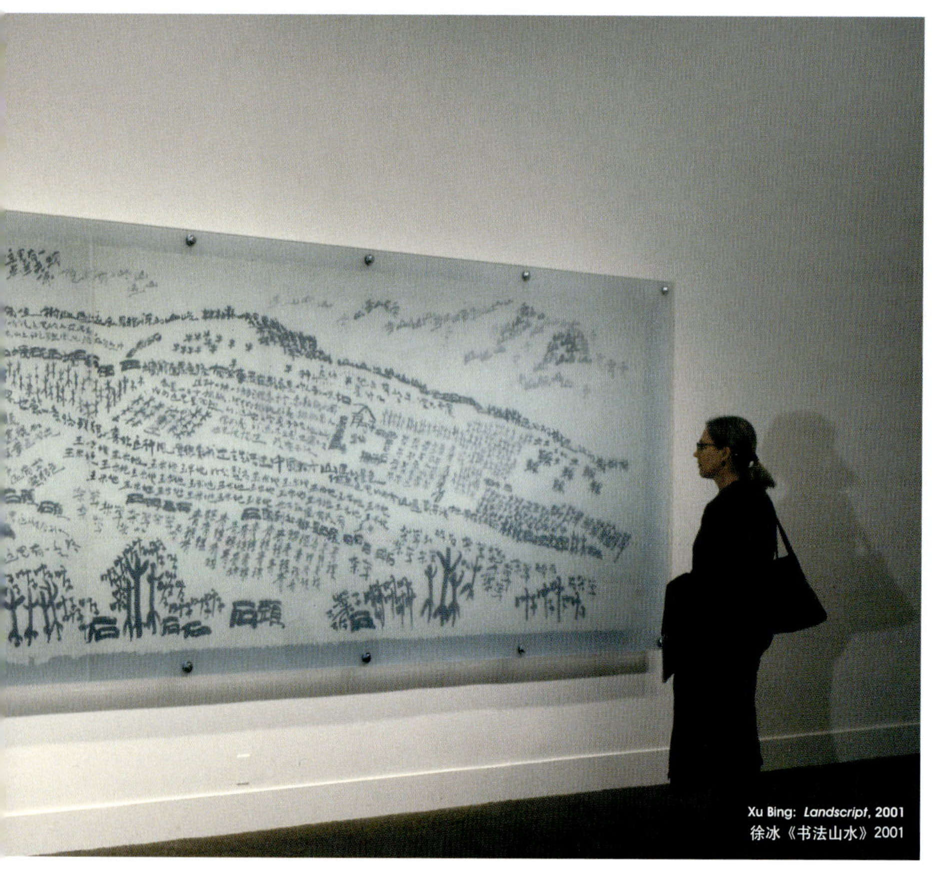

Xu Bing: *Landscript*, 2001
徐冰《书法山水》2001

> Cai's artistic lineage is hard for even the artist himself to pin down because much of his impetus comes from outside the framework of modern or contemporary art.[36]

Some Western curators are very interested in Cai's artistic dialogue with the East and the West, antiquity and modernity:

> As a consequence, many of his works concern the encounter or collision between the East and the West, between a traditional way of life and modern technology, local and international, individual and universal. In Cai's work these dualities are not polarized, however, but combined, expressing his understanding of how they influence our lives today on a global level.[37]

The realization of the dialogue between those binary concepts in Cai's projects occurs through his presentation. His idiosyncratic strategy of articulation is crucial for his art and essential for catching the attention of the viewer:

> That these engines belonged to Japanese cars (Toyota) heightened the piece's ironic juxtaposition of cultures and histories. In the context of the show, however, it was the piece's material presence that counted most. It heightened other works' complete lack of physical interest and thereby implicitly questioned the wisdom of sacrificing art's traditional emphasis on hand-facture for effects that depend so heavily on novelty. For all its electronic razzle-dazzle, the show as a whole did not come close to proving that the so-called new media can be rightly regarded as equals, let alone the betters of traditional media in either expressive breadth or technical capacity.[38]

The spectacular juxtaposition of the Chinese sheepskin raft and the Japanese Toyota stemmed from his creative manipulation of the methodology of installation. On the other hand, the new tension between East and West caused by Asian's increasing development, especially that of Japan, China, and some small dragons, is becoming more and more important in the global framework. Cai Guo-qiang's work can be viewed as a reflection of this new global situation, as Diana Nemiroff points out:

> However, this raft takes the form of a dragon, sweeping across the gallery, a classic and ambivalent cultural symbol of China, and, in the West, a cliche of exoticism and fearsome power. Its wry message is, perhaps, a humorous warning about the latest Chinese invasion, a cultural diaspora that includes Cai himself among its harbingers.[39]

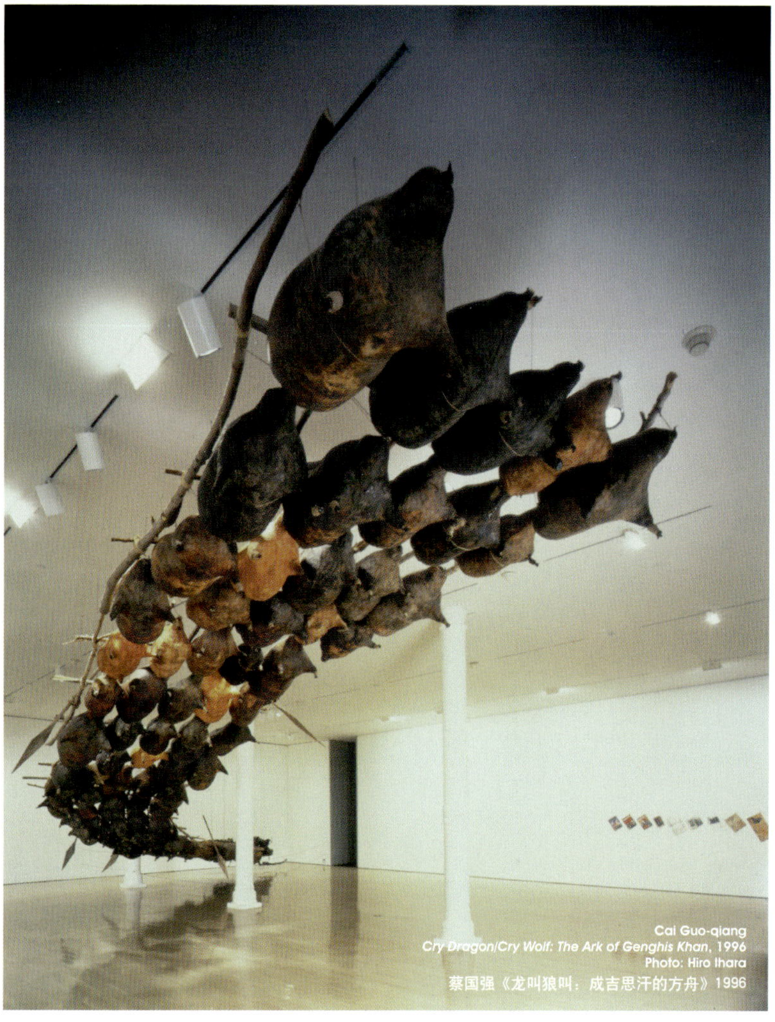

Cai Guo-qiang
Cry Dragon/Cry Wolf: The Ark of Genghis Khan, 1996
Photo: Hiro Ihara
蔡国强《龙叫狼叫：成吉思汗的方舟》1996

The exhibition took place at a moment when new Chinese art was booming in the New York art scene, and in the intermission between two huge Chinese art projects; namely, *"China: 5000 Years"* at the two venues of the Guggenheim Museum from February to June 1998, and *"Inside/Out: New Chinese Art"* at the P.S.1 Museum and the Asia Society Gallery in the fall and winter at the same year. *"China: 5000 Years"* provided a historical overview of Chinese art from the Neolithic Era to the modern age, including its transition, evolution, diversity, and assimilation to foreign art. *Inside/out* offered a survey of contemporary Chinese art, bridging the gap between the Chinese context in the 1980s and the international art scene in the 1990s. According to Gao Minglu, the guest-curator of this project:

> This exhibition will demonstrate the challenge, caused by political, economical, and cultural transformation, that Chinese artists from mainland China, Hong

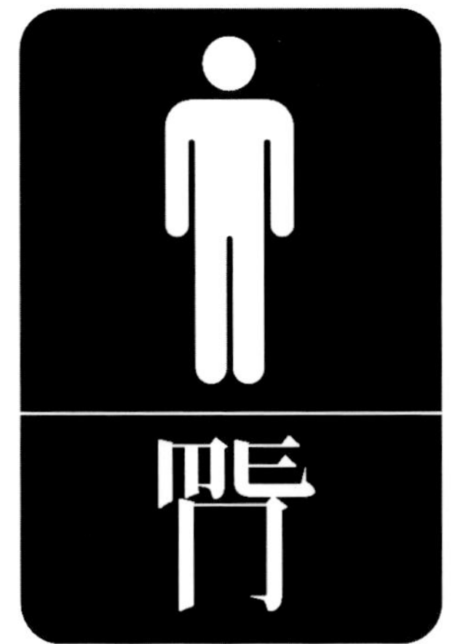
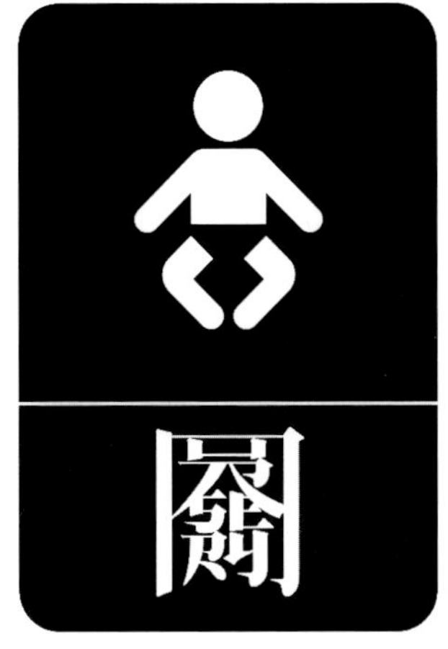
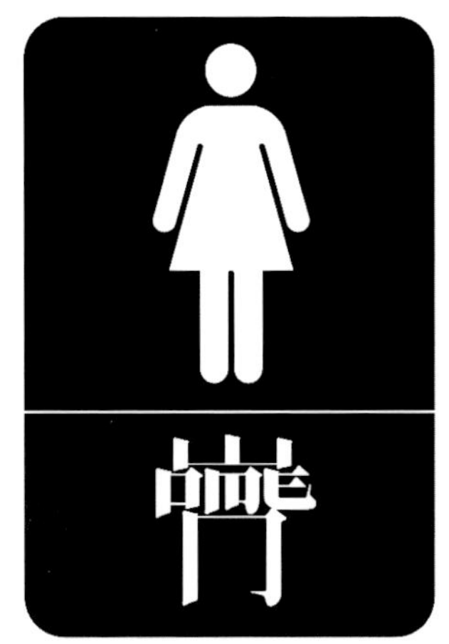

(Left) Xu Bing: *Square Word Calligraphy Sign: Men* (2003), digital print
（左）徐冰《方块字英语书法标志：男》2003

(Center) Xu Bing: *Square Word Calligraphy Sign: Nursery* (2003), digital print
（中）徐冰《方块字英语书法标志：幼儿园》2003

(Right) Xu Bing: *Square Word Calligraphy Sign: Women* (2003), digital print
（右）徐冰《方块字英语书法标志：女》2003

> Kong, Taiwan, and overseas have shared from the 1960s on ... New Chinese art, regardless of its location, is not merely a local phenomenon, but connecting with the international climate. Therefore, we should consider it from a global perspective, namely, the process of globalization.[40]

Therefore, *"China: 5000 Years"* helped the viewer of my show to consider Cai Guo-qiang and Xu Bing's art in the light of Chinese art history,and *Inside/Out* provided a synchronic schema for comparing Cai Guo-qiang and Xu Bing's work with the works of other Chinese artists of their generation.

In recent years, new Chinese art has become increasingly visible in the international art community. The development of China's economy in part accounts for this; on the other hand, many immigrant artists like Cai Guo-qiang, Xu Bing and Huang Yongping have drawn more and more attention in the art world, driving the swift emergence of new Chinese art. The internationalization of new Chinese art became an important event during the latter half of the 1990s.

Surveying the emergence of new Chinese art over the last two decades, one may find a pattern. In the 1980s, the New Tide movement was the first stage. Young artists used the genre of Western modern art to reject communist politically-oriented art, seeking new methodologies to express their perception of the Chinese context. But since young artists had no opportunity to come into contact with the international art world, their artistic perspective was limited to Western modern art, excluding contemporary art.

From 1990 on, many Chinese artists emigrated to the United States, Europe, and Japan. They began to exhibit their works in the international art scene. Chinese artists living in China acquired more and more opportunities to expose their work outside China; this can be viewed as the second stage. But these two groups have developed distinctive strategies. Works by artists living in China mainly deal with the Chinese context, and they are sometimes politically and commercially oriented. Painting and photography are their major media. Emigre Chinese artists combine traditional Chinese ideology and emblems with contemporary art methodology; installation is one of their primary modes of presentation. Their presence in the international art scene has brought Chinese influence into the art community. Cai Guo-qiang and Xu Bing are prominent among those artists.

As Chinese artists in self-exile, both Cai Guo-qiang and Xu Bing are deeply involved with contemporary art, articulating their contemporary Chinese perceptions within the international art community. As Edward Said remarked:

> I think that the intellectual is an individual endowed with a faculty for presenting, embodying, articulating a message, an attitude, philosophy, or opinion to, as well as for, a public.[41]

Historically speaking, Chinese civilization has been developing for more than five thousand years. In its modern phase, China has never been sovereignly colonized by any Western country; instead, many Western countries formerly established their concessions in many cities, bringing multiple cultures into China. In this century, China has experienced the international communist movement, producing what Deng Xiaoping termed "Socialism with Chinese characteristics." The pragmatic open-and-reform program has worked well. In the process of Chinese modernization, new Chinese art, inspired by ancient Chinese thought, driven by context, and charged by the dynamism of the international art torrent, will play a more and more important role in the reconfiguration of global art and cultural framework. Let's wait and see what emerges.

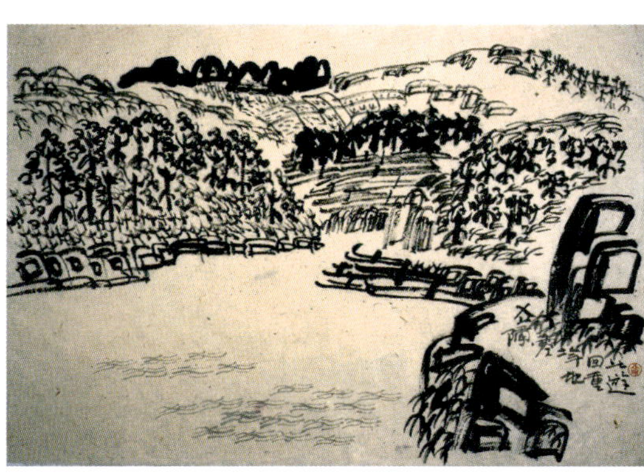

Xu Bing
Landscript (2002), Ink on Nepalese paper
徐冰《书法山水》2002

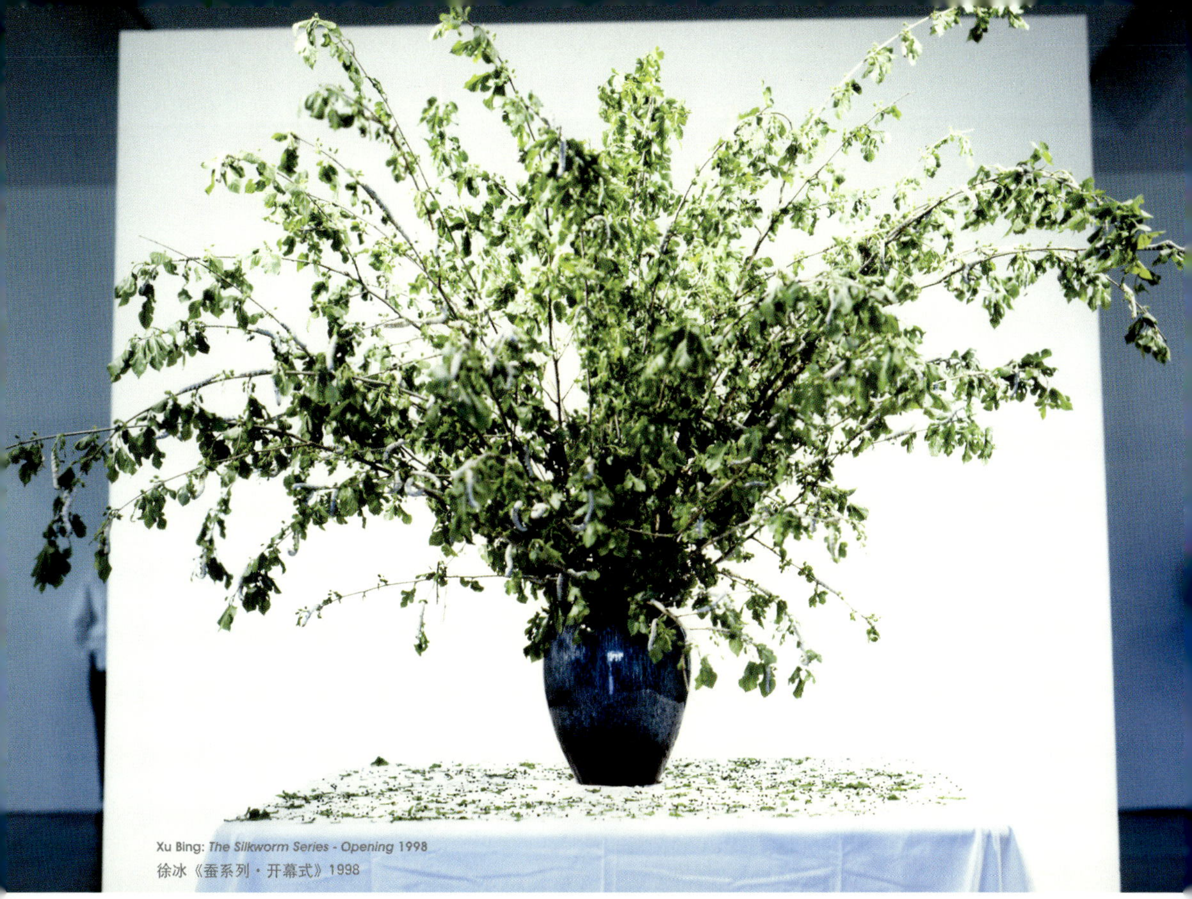

Xu Bing: *The Silkworm Series - Opening* 1998
徐冰《蚕系列・开幕式》1998

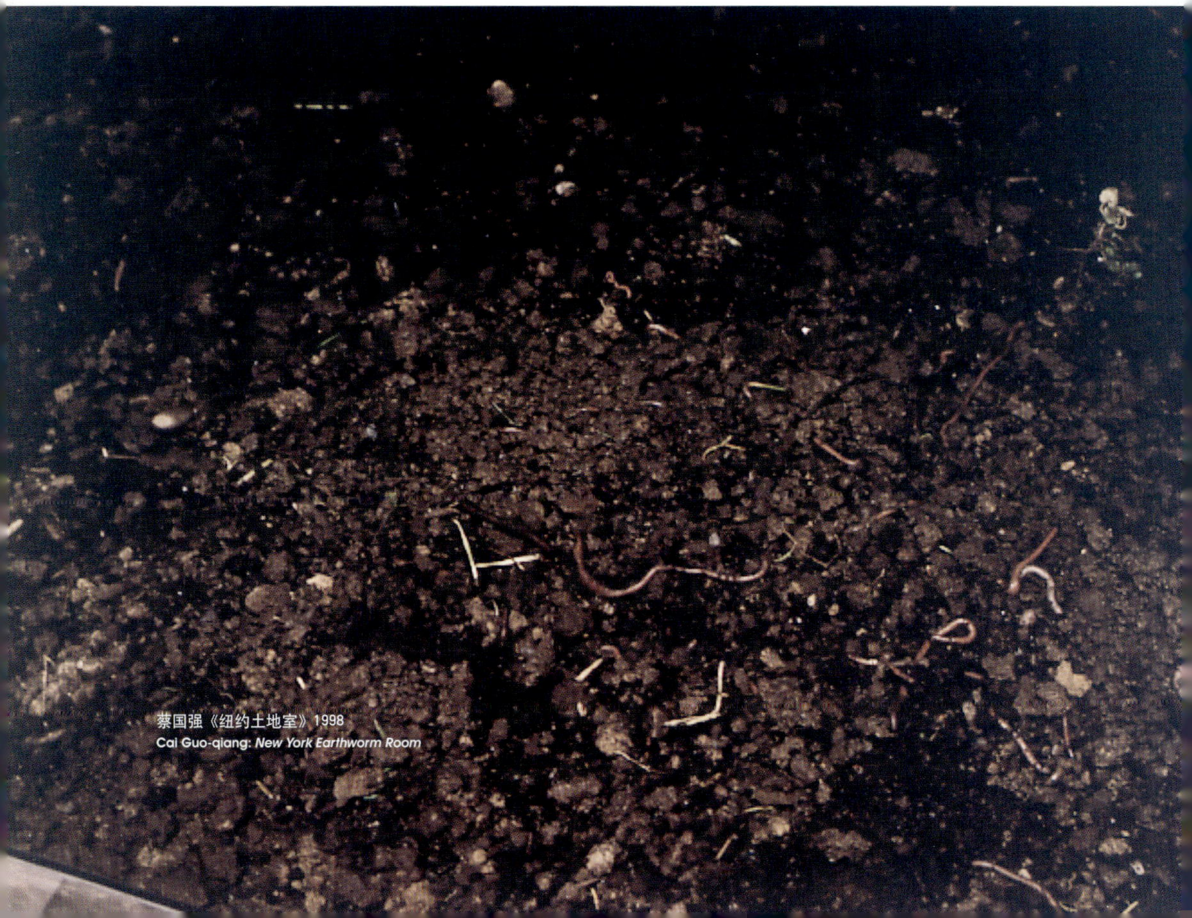

蔡国强《纽约土地室》1998
Cai Guo-qiang: *New York Earthworm Room*

AN EXHIBITION: *WHERE HEAVEN AND EARTH MEET*

Heaven and Earth, as the key words of the title of this exhibition, suggest a somewhat grandiose idea. Actually, this idea had not occurred to me until I saw a photograph of *Lightning Field*, an earthwork by Walter De Maria. I was shocked by the spectacular scene that integrates human power and natural forces: hundreds of highly polished stainless steel poles standing neatly against the sky in the vast open wilds, lightning coming out of the interstices between clouds. The stainless steel poles, as extensions of the earth, meet with the lightning that symbolizes the voice of heaven. The earth is usually viewed as an emblem of the mundane world in which human beings live; heaven is an emblem of a celestial Elysium that people have long dreamed of. From the vantage point of the Chinese, the relation between heaven and earth usually serves as a metaphor for the interaction between East and West, in other words, *Yin* and *Yang*. Walter De Maria's *Lightning Field*, arguably, combines ancient Eastern thought with Western modern technology, inquiring into a new relationship between human society and the natural realm in light of the accelerating development of contemporary scientific-technological civilization.

This exhibition highlights two kinds of worms appearing in two installations: *The New York Earthworm Room* by Cai Guo-qiang and *The Silkworm Series* by Xu Bing. The Chinese character for "silkworm" is a combination of the two characters for "heaven" and "worm",while the word "earthworm" in English is the words "earth" and "worm" conbined. The two kinds of worms thus metaphorically bring heaven and earth, the East and West together. The best title, therefore, for this joint exhibition undoubtedly is *Where Heaven and Earth Meet.* Cai Guo-qiang's and Xu Bing's work, especially the works, included in this exhibition, demonstrate their perceptions of the relationships between Eastern and Western art, ideologies, and social institutions. From this viewpoint, *Where Heaven and Earth Meet* refers to the conjunction of the East and West, the point at which they have shared a common ground for their artistic explorations. Lightning is born between earth and heaven, and sparks of creative inspiration often occur at the moment when an interaction between the East and the West is taking place.

Using animals (or plants) is not unusual in contemporary art practice, particularly in works that concern ecological issues. However, highlighting two similar kinds of minor insects and addressing the artistic dialogue between East and West seems unusual. The activities of the two kinds of worms vividly

exemplify the conception of metamorphosis. My thesis, entitled *Cultural Metamorphosis*, will address the transformation of two artists from the Chinese context to the international art scene in the light of an ongoing globalization.

In fact, examining their art is also a way of testing myself. In the process of researching their art, I find that, as a cross-culturally experienced curator, two problems always hover in my mind. First of all, what stance should I take - that of a westerner or a traditional Chinese? Secondly, who am I writing for? Americans? Chinese? Or Chinese Americans? I have discovered what I am flexible in this regard. Obviously, the same questions have occurred to the artists. When I probe the traditional Chinese elements found in their work, I hope what I say makes sense to Western readers; when I examine the contemporary concerns of their art, again I hope what I say is accessible to Chinese readers. I realize that I am located at a conjunction of artists and readers, the American readers and the Chinese readers, the Chinese context and the international art scene. In other words, I am playing the part of the cultural broker, bringing something of China to the United States, and taking something from the United States back to China, bridging the gap. In this respect, the artists and I have shared a common ground. Frankly, to some degree, I am interested in forging an identity, derived from a tradition of Chinese art, and assimilating the achievements of Western art, in order to advance a new vision of contemporary Chinese art.

My motivation for bringing Cai Guo-qiang and Xu Bing together in this exhibition is determined, in part, by my own experience, interests and background. I was born in a traditional intellectual family and grew up in the People's Liberation Army's Academy for Military Science, an academic institution located in suburban Beijing, not far from the campus of Beijing University. I developed a strong interest in Chinese art and history as a teenager, and was trained as a museum professional in the History Department of Nankai University, Tianjin. I learned to judge art from a historical and social perspective rather than from a purely aesthetic one. I have experienced the Cultural Revolution as well, and have been deeply influenced by Maoist ideology and social turmoil.[42]

Traveling is a penchant of mine too, especially traveling in undeveloped and remote areas. I have been traveling, mostly by myself, since I was eighteen years old. I have covered most of the provinces of China, including Quanzhou, Cai Guo-qiang's hometown, which impressed me with its cultural diversity. These travels provided me with a unique perspective on Chinese art, history and culture.

I continue to cherish an optimistic view of the world, of art, and of the future. I firmly believe that art can make our lives more comfortable, and that it can improve the

relation between different nations, cultures and races, enhancing communication and understanding.

Thanks to the generous financial support of the Asian Cultural Council, the cooperation of the artists Cai Guo-qiang and Xu Bing, the invaluable suggestions and instructions of Professor Norton Batkin, director of the Center for Curatorial Studies (CCS) at Bard College, Barbara London, curator of the Museum of Modern Art, and Ivo Mesquita, a faculty member at CCS, not to mention Vivian Heller's editing and George Quasha's collaboration, I have been able to realize this exhibition.

Zhang Zhaohui

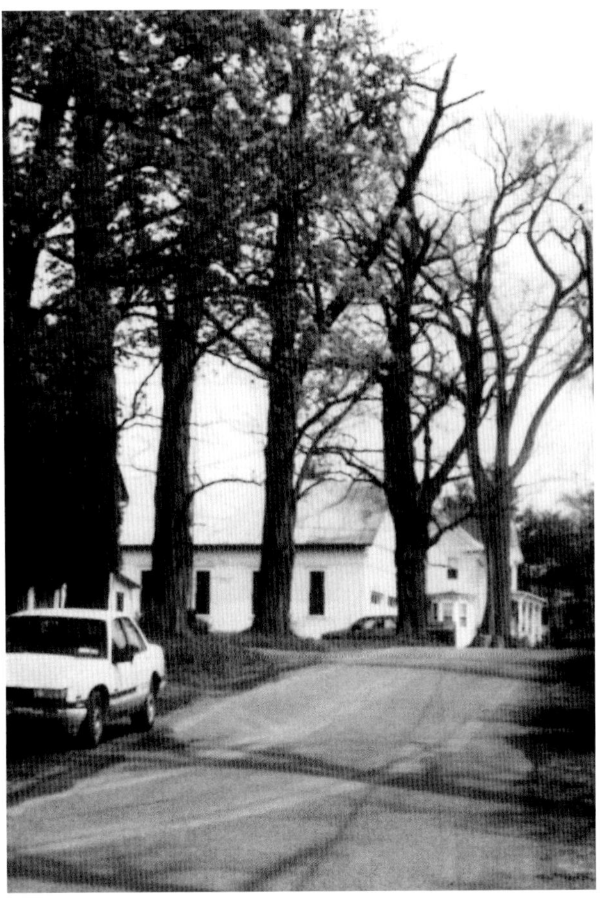

Barrytown, New York
纽约上州贝里村

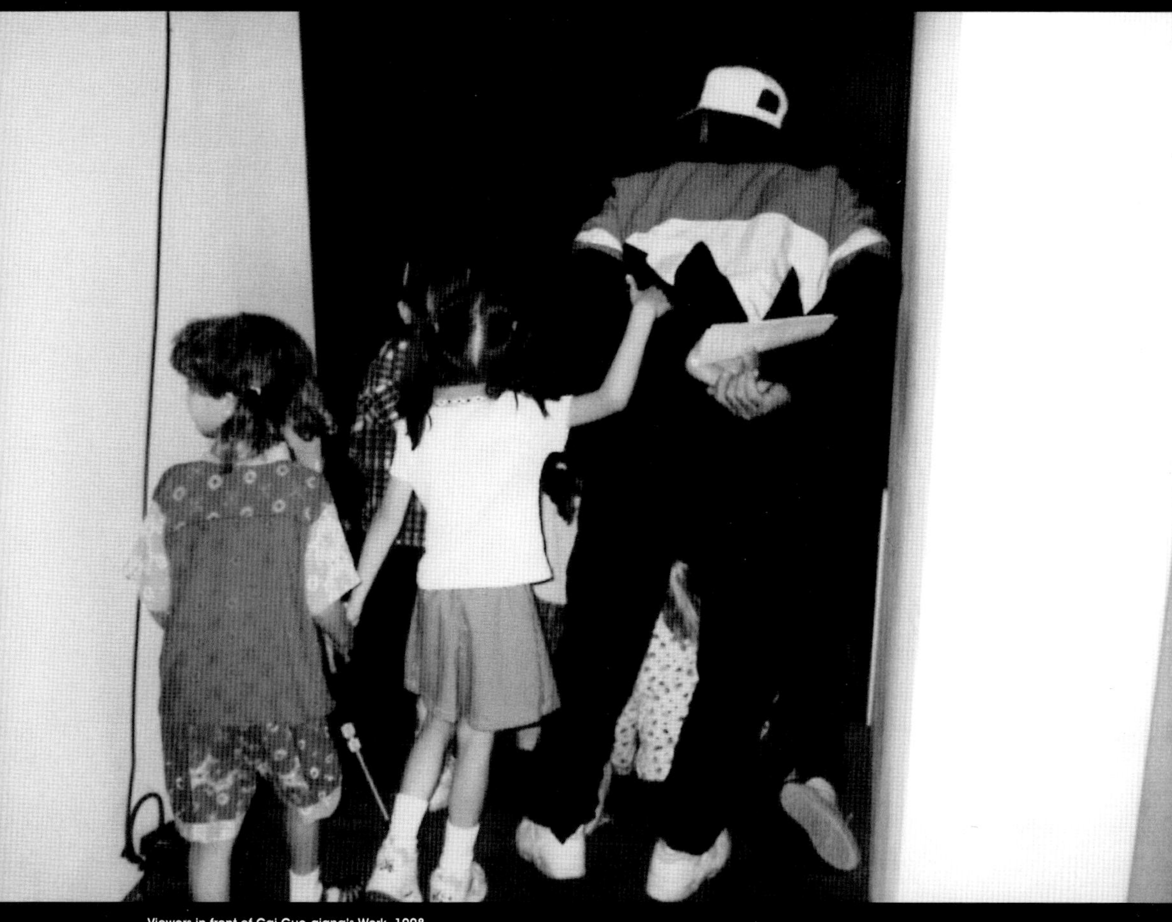

Viewers in front of Cai Guo-qiang's Work, 1998
观众在蔡国强作品前 1998

CAI GUO-QIANG'S "*THE NEW YORK EARTHWORM ROOM*"

> There's dirt, and then there's earth. The former arouses fear and loathing - as a recent consumer report proclaimed: "anyone sentenced to viewing a full day of TV will come away convinced that Americans are obsessed with dirt. Commercial after commercial touts stuff to banish dirt..." Earth, on the other hand, is invoked by Save the Earth campaigns and ecologically minded artists to inspire reverence - making the earth a synecdoche for nature, a spiritual Home and a sacred Mother.[43]
>
> -- Suzaan Boettger

Cai Guo-qiang: The New York Earthworm Room

Cai Guo-qiang's installation *The New York Earthworm Room* easily reminds one of *The New York Earth Room* by Walter De Maria, which is located in Soho and has been open to the public and maintained by the Dia Center for the Arts since 1977. Cai Guo-qiang's piece is both nominally and physically similar to this prototype and is designed specially for this show, addressing both the curatorial premise and Xu Bing's work, which had been selected earlier. *The New York Earthworm Room* is installed in two galleries. Standing at the entrance of one gallery, the viewer sees what appears to be thousands of pounds of dirt filling the room, to a depth of roughly 22 inches. A sheet of glass is fixed at the entrance of the gallery, functioning both as a dam and a screen. All these features recall *The New York Earth Room*. But inside the gallery, tender grass grows out of the dirt, bringing vitality to this block of stagnant New York soil. A camcorder is trained on the grass at the gallery entrance, inviting the viewer to scrutinize the earth in a squatting posture. One thus can easily find that a great deal of live earthworms are slowly wriggling upward from the bottom behind the glass and within the dirt. Both the diagram on the brochure of this exhibition and a cable

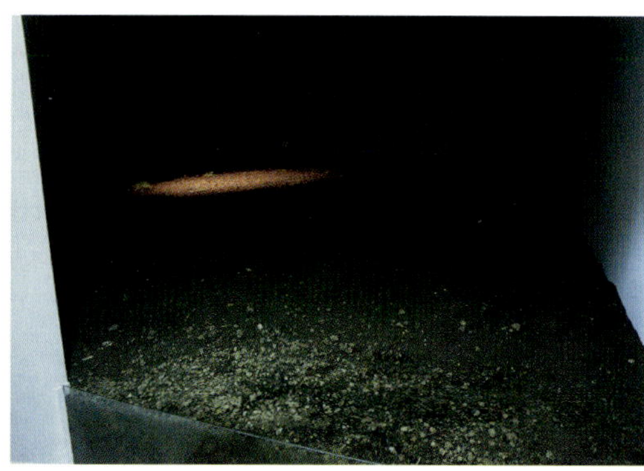

Cai Guo-qiang: *New York Earthworm Room*
蔡国强《纽约土地室》1998

connecting the camcorder lead the viewer to the parallel video room. In it, the scene of the earthworms' wriggling is projected onto a screen, suggesting micro-organisms magnified by a microscope, as well as many dragons just awaking from hibernation.

Appropriating Walter De Maria's *The New York Earth Room,* executed 20 years ago, Cai Guo-qiang piles dirt in a gallery. Reversing De Maria's approach of isolating the earth from its original context, Cai turns the almost ossified earth into a laboratory of earth amelioration, and restores its natural condition by means of the earthworms' instinctive puncturing inside the dirt. The ameliorated earth begins to nurture life; green comes back to the ground.

Walter De Maria is one of those contemporary artists whose art has been profoundly impacted by Eastern thinking, especially the *I-Ching*. He is a student of John Cage, whose work and beliefs were inspired by the *I-Ching*; in fact, one of his installations was called *360 I-Ching 64 Sculpture*. His monumental piece *The New York Earth Room* had a big impact in the New York art scene in the 1970s. As Roberta Smith comments:

> Dirt is not just an artistic metaphor for nature, it is the actual basis of the natural world; it is as real as, and diametrically opposed to, the context in which it now occurs - one of the most "unnatural" and artificial situations possible: a New York gallery . . . It is an elegant desecration, a defiling of the traditional container of contemporary art objects, which ends up being a celebration of aesthetic experience.[44]

De Maria's transplantation of earth into a New York gallery, "one of the most unnatural and artificial situations," as well as the juxtaposition of nature and artificiality in his *Lightning Field*, are embodiments of his belief in the *I-Ching*, which concerns the harmonious relations between nature (heaven and earth) and human beings.

De Maria's "elegant desecration" of the gallery, which was, in turn, institutionalized by the gallery, reveals a paradox of contemporary art that is reflected in the relations between artist, art-work, and art institution. Cai Guo-qiang's piece, appropriating *The New York Earth Room*, demonstrated his perception of contemporary art.

Duchamp's *Fountain* originally functioned as a mockery of the "five dollars for enrollment artist association," but this common urinal has come to be regarded as a masterpiece of modern art history. This encourages artists to play games with art institutions. Yet anti-art can become a strategy for penetrating the art world; anti-museum oriented works have often been presented in the museum. Walter De Maria's *The New York Earth Room* can by viewed as a good example of this phenomenon.

The impossibility of any long-term presentation of *The New York Earthworm Room* indicates Cai Guo-qiang's challenge to the over-institutionalized contemporary art context, in that the process of the earthworm's wriggling is unrepeatable, and is simultaneously recorded, transmitted, and projected in the video room. This piece can be duplicated, but cannot be maintained. Moreover, this piece can never be documented as well by the media as it documents itself. Thus Cai Guo-qiang does everything to encourage the viewer to directly view the piece.

Cai Guo qiang's artistic dialogue with De Maria is partly based on the Earth Art of the 1960's and 1970s. Earthworks are concerned with the deteriorating condition of the natural environment, as Barbara C. Matilsky has pointed out:

> Artists try to mitigate environmental problems often by revitalizing an ecosystem and human interaction with nature. They attempt to transform damaged habitats or sterile urban sites into life-generating places. Many of these artists propose or create ecological art for areas where natural balance has been breached by human interference.[45]

If earthworks are mainly concerned with ecological issues or the relation between natural and human society, Cai Guo-qiang's *The New York Earthworm Room* has brought these issues - the socio-ecological issues - to the mechanism of the art circuit. Cai once complained, "Who can collect this piece?" [46] Through this work, Cai questions the operations and manipulations of hegemonic art institutions. The earthworms restore the dirt to its natural state. This betterment of the earth through the activity of the earthworms reminds the viewer of larger and less easily solved ecological problems. Thus the work returns us to the fundamental issue that Cai Guo-qiang constantly addresses: the relation of heaven, earth, and human beings.

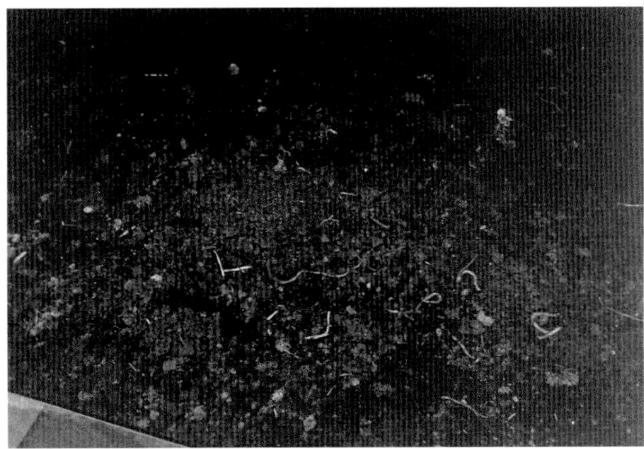

Cai Guo-qiang
New York Earthworm Room. 1998
蔡国强《纽约土地室》1998

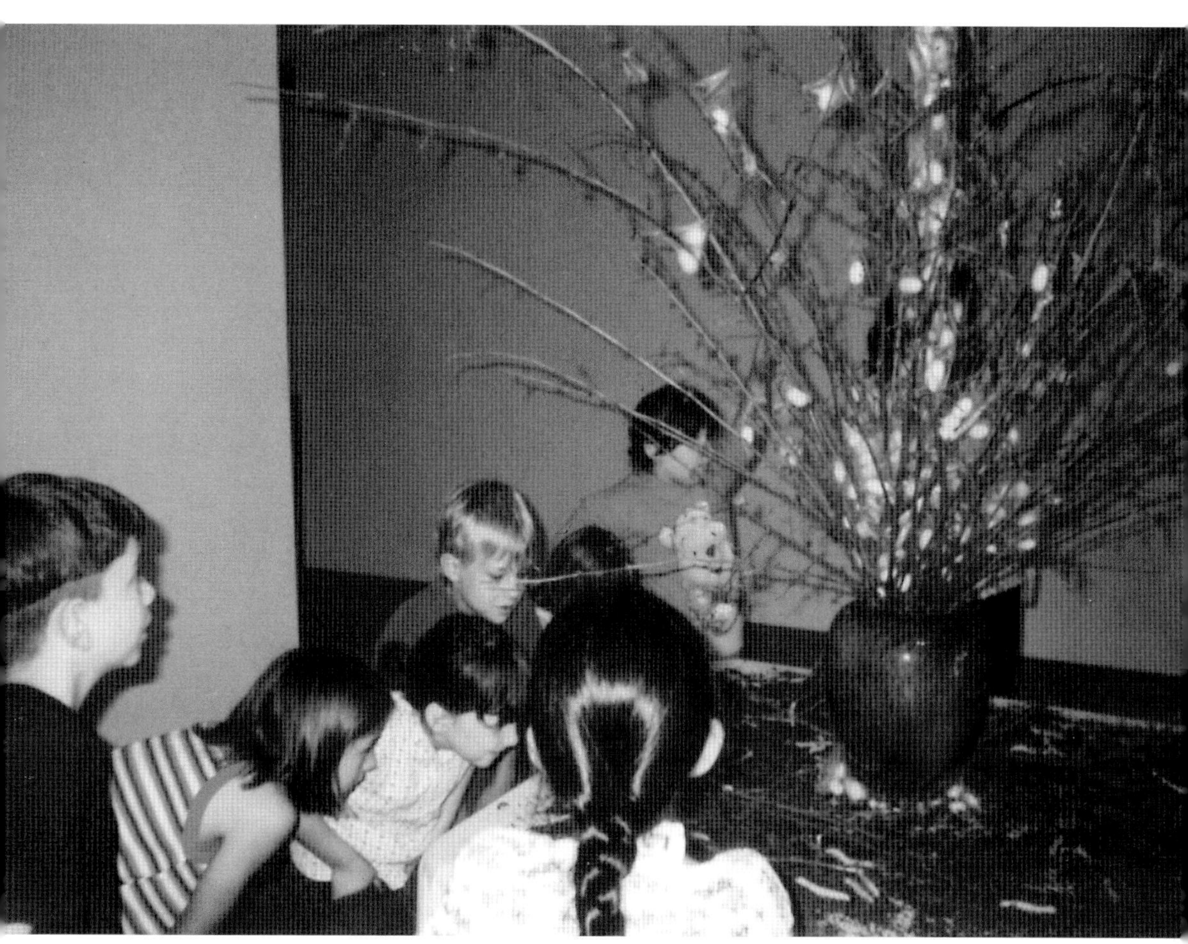

《蚕系列・开幕式》细节 1998
Exhibition View of *The Silkworm Series - Opening*

XU BING'S *SILKWORM SERIES*

Xu Bing's *The Silkworm Series* is a complex of installations that display the entire life cycle of the silkworm. In Xu Bing's original installation for *Where Heaven and Earth Meet*, a small living-room setting is installed in the center of the gallery. A coffee-table carpeted with newspapers and magazines stands in the corner; silkworms are wriggling and generating silk thread onto the table, and the random silk thread has already covered the magazines and newspapers. With the ceaseless toil of the silkworms, more and more silk thread covers the text and table. The surface of the text is altered many times until it has been completely effaced by the layers of silk thread. On the wall inside the chamber, a framed picture of a tranquil fishing scene is hung. The silkworms are also working on this surface, and as a result, the old picture is being covered with a silk net.

In another corner of the chamber, a TV monitor is screening a program, showing the whole life - cycle of the silkworm. Silkworm moths produce eggs in the books; the eggs hatch into worms; worms spread silk thread onto the books, TV, VCR, and subsequently spin their cocoons. Moreover the accompanying VCR's cover is opened, and one finds that the elements inside the machine are wrapped in silk thread. A subtle and complex merging of natural and technical elements emerges. Looking around the central chamber, one notices that several cocoons have attached themselves to the upper corners of the room. Outside the chamber, a bare tree-branch stretches horizontally from the wall of the gallery, with cocoons attached to its top. The disappearance of the text and the accomplishment of the silkworm's work occur simultaneously. The viewer's curiosity about the metamorphosis of the silkworm on the surface of the text is supposed to surpass the recognition of the text itself.

Silkworms, silk threads, cocoons, and silken nets are everywhere, indoor and outdoor, on the screen and inside the VCR. It is entirely overwhelming. The silkworm, a tiny and tender insect, would seemingly like to wrap everything in its endless, sticky, and spreading thread.

Silk, silk thread and silkworms have special implications in Chinese discourse. Chinese people began to raise silkworms in order to weave silk more than two thousand years ago. They view silk as the most noble and luxurious fabric. Raising silkworm is an important money-making business for women and a popular game for kids. Silk and silkworms are also used to express love in poetry. In a famous love poem by Li Shangyin, a renowned poet in the Tang Dynasty (618-907), one verse reads: "The silk thread-producing never stops until the worm is dead." In Chinese, "silk thread-

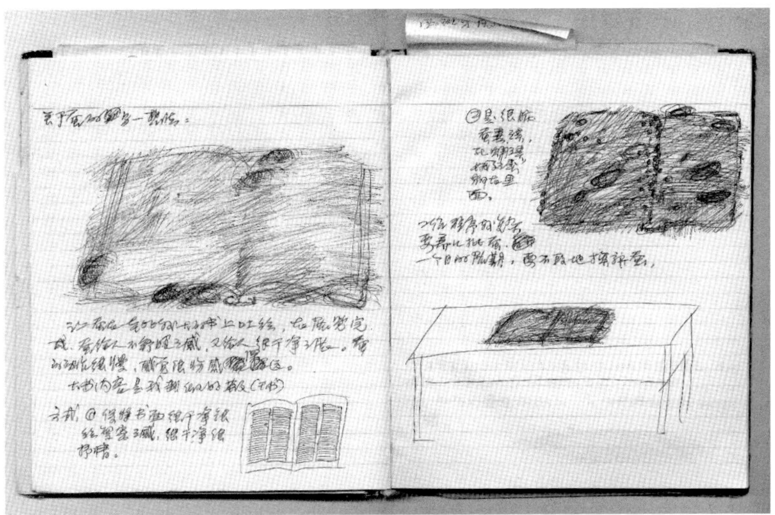

Xu Bing: *Silkworm Series* sketch
徐冰《蚕系列》草图

producing" is a pun for missing or loving someone. The poet saw himself as a silkworm, diligently working and perpetually missing his beloved until his death. The silkworm has emotional, psychological, and cultural significance for the Chinese people. To some degree, it is an icon.

For the Westerner, silk, like ceramics or porcelain, is an emblem of China. Over two thousand years ago the commercial route that connected China and Europe was called the Silk Road. Silk, like gold and ivory, stands historically for the Orient and wealth. Therefore, silk and silkworms have certain cultural and historical implications both for the Chinese people and for Westerners. This tiny and delicate insect can provoke different and complicated responses in viewers of different cultural backgrounds.

The silk thread-wrapped text and monitor visually suggests cyberspace or an anti-linear way of thinking that calls to mind the post-modernist narrative referred to by Roland Barthes and other contemporary theoreticians, who use such terms as link, network, and matrix to describe non-linear rhetoric. On the other hand, the silkworm, both as the protagonist of this piece and as an emblem of Chinese tradition, has extended its power everywhere according to its natural and instinctive survival logic. This suggests the Chinese attitude to life and the world: persistence, bravery, obstinatcy, confidence, and strong survival ability are prized. The strength of the Chinese spirit is reflected in the spread of fifty million Chinese across the world. In fact, non-linear thinking is not new in the Chinese context. The concept of "Chaos" in Chinese discourse means, in part, anti-linear thinking; it encourages people to see the world from different angles, therefore, it is reasonable to presume that the random silk thread net suggests a kind of thinking that refers both to traditional Chinese narratives and contemporary postmodernist discourse.

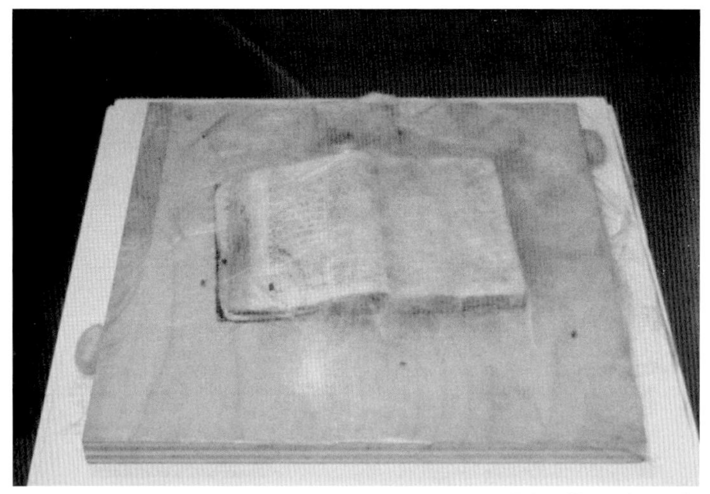

Xu Bing: *Silkworm Series*, 1998
徐冰《蚕系列》1998

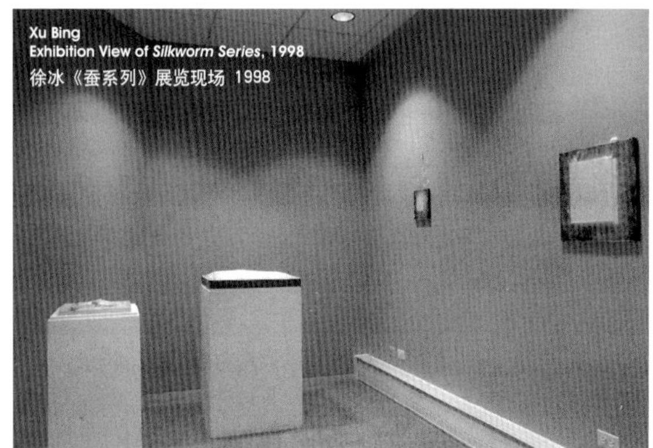

Xu Bing
Exhibition View of *Silkworm Series*, 1998
徐冰《蚕系列》展览现场 1998

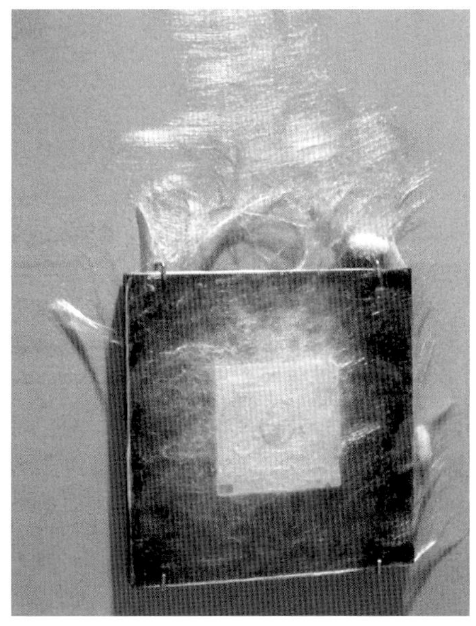

Xu Bing
Silkworm Series, 1998
徐冰《蚕系列》 1998

ENDNOTES

1 From 1985 to 1987, there were about eighty art groups established, and hundreds of exhibitions took place in many cities. Two thousand young artists were involved. In Chinese discourse, this phenomenon was to be called the New Chinese *Avant-garde* Art Movement. The movement was closely connected to Robert Rauschenberg's solo show held from Nov. 18 to Dec. 8 1985, in the National Art Museum of China, Beijing.

2 Since the later-Jin Dynasty (1115-1234) through the Yuan (1206-1368), Ming (1368-1644), and Qing (1644-1911) dynasties, as well as the People's Republic of China, Beijing has been the capital of China. Confucianism was the official ideology in almost all of the ancient dynasties. Their political institutions, social order, and moral principles were based on the doctrines of Confucianism. Although the Communist regime over the last five decades has regarded itself a socialist, they have strong connections with traditional Confucianism. Confucianism is still a strong influence in Beijing.

3 Contrary to the orthodox stature of Confucianism, in ancient China, Taoism was popular throughout the vast rural area, especially remote and coastal areas.

4 This information concerning Xu Bing's early days came from our conversations conducted in his New York Studio, 1996-1998.

5 Works by Nietzsche, Sartre, Freud, Jung, Camus, T.S. Eliot, etc., had been translated into Chinese and widely distributed among the young intellectuals.

6 Xu Bing, "Exploration and Reflection on Pluralism Painting", *Fine Art* (October,1987):55

7 See Gao Qianghui, "Genghis Khan's Ark: and Analysis of Cai Guo-qiang's Mastering of Western Art Methodology By the Eastern Aesthetic Statement." *Artist* (Taiwan) no.263 (April 1997):322-27

8 Alexandre Munroe, "To Challenge the Mid-Summer Sun: The Gutai Group," in *Japanese Art After 1945: Scream Against the Sky* (New York : Harry N.Abrams,1994):84

9 See Bruce Altshuler, *The Avant-Garde in Exhibition: New Art in the 20th Century* (New York: Harry N. Abrams,1994):174-192

10 Quoted by Kashiwagi Tommo and translated by Ogawa Haruko in "Yoshishige Saito: Time. Space. Wood". See Alexandre Munroe, *Japanese Art After 1945: Scream Against the Sky*, 257-268

11 See Reiko Tomii, "Heaven, Earth. Human: Through the Imagination of Fire, Water, and..." in *Cai Guo-qiang's Cultural Melting Bath, Project for the 20th Century* (New York : Queens Museum of Art,1997)

12 From a conversation with Cai Guo-qiang, conducted on May 21,1997, in his studio in Soho, New York

13 Cai GuoQiang, *Project for Extraterrestrials no.10* (Tokyo, Atelier Peyotl,1994):4

14 Joseph Beuys, cited in Antie von Graevenitz "The Old and the New Initiation Rites: Joseph Beuys and Epiphany," In *Robert Lehman Lectures on Contemporary Art*, Edited by Lynne Cooke and Karen Kelly (New York: Dia Center for the Arts, 1996): 66

15 *Sunzi Bingfa*, an ancient Chinese military text.

16 William Seits, *Art in the Age of Aquarius 1995-1970*. (Washington, D.C.: Smithsonian Institution Press, 1992):145

17 Ibid. "Earlier in 1968, he [Christo] had said: 'I want to present something that we never saw before, something that is not image, but a real thing - like the pyramids in Egypt for the Great Wall of China.'"

18 Waltor Do Maria, "The Lightning Field " *Artforum* (April 1980):58

19 Homi Bhabha. "Freedom's Basis in the Indeterminate," in *The Identity in Question*, ed, John Rajchman (New York: Routledge, 1995): 51

20 At the turning point of the 20th century, some Chinese intellectuals returned from Western countries, In their books, they compared the difference between Chinese and European culture to the relation of Yin and Yang, a crucial concept in ancient ideology, Yan Fu (1852-1921), Lin Shu (1882-1924), and Lian Qichao (1873-1929) shared this belief, and it is still maintained by many Chinese people today.

21 China has never been colonized as a whole, but parts of it such as Hong Kong has been colonized by the British from 1841-1997.

22 This idea comes from my conversation with Cai Guo-qiang, in the summer of 1997.

23 Jane Farver, *Cultural Melting Bath*.

24 Barry Schwabsky, "Tao and Physics," *Artforum* (Summer, 1997):121

25 See Feng Yuolan, A History of Chinese Philosophy.

26 Akihiko Hirano, "Cai Guo-qiang From the Pan-Pacific," Iwaki City Art Museum, (March 6-31,1994).

27 See *Xunzi*, an ancient Chinese text

28 See Maurice Meisner, *Mao's China and After: A History of the People's Republic*. (New York: Free Press, 1986)

29 Ibid.

30 See Julia F. Andrews, *Painters and Politics of the People's Republic of China 1949-1979*

31 Berta M. Sichel, "Antilinear," *Flash Art* (March/April 1997): 72

32 Stanley K. Abe, "No-Sense From Out There: Xu Bing's Tianshu in the West" (Boston: College Association Meeting, 1996)

33 Jeffrey Keough, "Introduction", in *Language Lost* (Boston: Massachusetts College of Art,1995): 3-4

34 Jonathan Hay, "Ambivalent Icons," *Orientations* 23, 7 (July 1992): 38

35 Diana Nemiroff has kindly given me permission to quote from her essay "Crossing," which appears in a forthcoming catalogue.

36 Carol Luffy, "Flame & Fortune," *ARTnews* (December 1997): 147

37 Anneli Fuchs, "Introduction," *Cai GuoQiang: Flying Dragon in the Heaven*, Louisana 8.3-27.4, 1997, Demark , Sweden.

38 Ken Johnson, "Eyes on the Prize," *Art in America* (April 1997); 45

39 Diana Nemiroff, "Crossing," ibid.

40 From my telephone interview with Gao Minglu, which took place on February 23, 1998.

41 Edward W. Said, *Representations of the Intellectual* (New York; Random House, 1994): 11

42 In the conventional Chinese education system, Mao's ideology and some classics of Marxism were required reading from elementary school to high school in such courses as chinese language, politics, and philosophy. Therefore, the formal education of my genertion and that of the two artists was saturated with the tone of Maoism and Marxism.

43 Suzaan Boettger, "Dirt Works," *Sculpture* (Nov./Dec. 1992): 38-42

44 Roberta Smith, "De Maria: Element," *Art in America* (May/June 1978):104

45 Barbara C. Matilsky, *Fragile Ecologies: Contemporary Artists' interpretations and Solutions* (New York: Queens Museum of Art, 1992).

46 Cai Guo-qiang's conversation with me regarding this show, which took place on October 21,1997.

APPENDICES

The Chinese Context

Andrews, Julia Frances. *Painters and Politics in the People's Republic of China 1949-1979*. Berleley: University of California Press, 1994.

Andrews, Julia Frances and Gao Minglu. *Fragmented Memory: The Chinese Avant-Gade in Exile*. Columbus, Ohio: Wexner Center for the Arts, 1993.

Bulletion of Concerned Asian Schilars. *China from Mao to Deng: The Politics and Economics of Socialist Development*. London: Zed Press, 1993.

Doran, Valerie C. *China's New Art, Post-1989*. Hong Kong: Hanart TZ Gallery, 1993

Feng, You-Lan. *A History of Chinese Philosophy*. Translated by Derk Bodde. Princeton: Princeton University press, 1952-53.

Macciocchi, Maria Antonietta. *Daily Life in Revolutionary China*, New York: Monthly Review Press, 1973.

Lu Peng. *A History of Chinese Modern Art 1979-1989*, Changsha: Hunan Fine Art press, 1992.

Pohlmann, Wolfger. *China Avant-Garde* Berlin: Haus der Kulturen der Welt, 1993.

Poshyandanda, Apinan. *Contemporary Art in Asia: Traditions/Tensions*. New York: Asia Society Galleries, 1996.

Popp, Paul S. *Heritage of China: Contemporary perspectives on Chinese Civilization* Los Angeles: University of California Press, 1990.

Spence, Jonathan D. *The Search for Modern China* New York; Norton, 1990.

Sullivan, Michael. *Art and Artists of Twentieth-Century China* Los Angeles: University of California Press, 1996.

Wei Mong, Tu. *China in Transformation* Cambridge: Harvard University Press, 1994

Bing, Xu. "Exploration and Reflection on Pluralism Painting." *Fine Art* (October 1987):55.

Western Contemporary Art and Social Context

Altshuler, Bruce. *The Avant-garde in Exhibition: New Art in the 20th Century* New York: Hary N. Abrams, 1994.

Boettger, Susaan. "Dirt Works" *Sculpture* (Nov-Dec 1991): 38-42.

Cooke, Lynne and Karen Kelly. *Robert Lehman Lectures on Contemporary Art* New York: Dia center for the Arts, 1996.

De Maria, Walter. "The Lightning Field." *Artforum* (April 1980):52-59.

Gelburd, Gail and Geri De Paoli. *The Trans Parent Thread: Asian Philosophy in Recent American Art*. Hempstead, N. Y.: Hofstra University and Bard College.

Keough, Jeffrey. *Language Lost*. Boston: Massachusetts College of Art, 1995.

Matilsky, Barbara C. *Fragile Ecologies: Contemporary Artists' Interpretations and Solutions*. New York: Rizzoli International, 1992.

Meisner, Maurice. *Mao's China and After: a History of the People's Republic*. New York: Harry N. Abrams, 1994.

Munroe, Alexandra. *Japanese Art after 1945: Scream Against The Sky*. Jefferson, B.C.: McFarland & Company, 1994.

Rajchman, John. *The Identity in Question*. New York: Roultedge, 1995.

Said, Edward W. *Representations of the Intellectual*. New York: Random House, 1994.

Seitz, William Chapin. *Art in the Age of Aquarius*, 1955-1970. Washington, D.C.: Smothsonian Institution Press, 1992.

Sichel, Berta M. "Antilinear." *Flash Art* (March- April1997) 71-72.

Smith, Roberta."De Maria: Element." *Art in America* (May- June) : 102-105.

Born:	December 8, 1957, Quanzhou City, Fujian Province, China
Education:	Department of Stage Design, Shanghai Drama Institute, 1981-1985
Residence:	Tokyo, Japan, 1986-1995 New York, USA, 1995-present
Grants:	The Institute for Contemporary Art: The National and International Studio Program 1995-1996, Asian Cultural Council Grant, New York
Awards:	CalArts/Alpert Award in the Arts, USA, 2001 Benesse Prize of Transculture Exhibition, 46th Venice Biennial, Italy, 1995 Japan Cultural Design Prize, Tokyo, Japan, 1995

Solo Exhibitions and Projects

2003
Man, Eagle and Eye in the Sky: Kite Project for Siwa, Egypt, Siwa, Egypt
Light Cycle: Explosion Project for Central Park, New York, USA
Explosion Event: Light Cycle Over Central Park, Asia Society and Museum, New York, USA
Ye Gong Hao Long: Explosion Project for Tate Modern, Tate Modern, London, UK
Cai Guo-qiang:An Arbitrary History, S.M.A.K. Gent, Belgium.
Cai Guo-qiang: For Your Pleasure Matrix 204, University of California Berkeley Art Museum, Berkeley, USA.
Pause: DMoCA Inaugural Exhibition with Kiki Smith, Niigata, Japan

2002
Cai Guo-qiang: Ethereal Flowers, Galleria Civica di Arte Contemporanea Trento, Trento, Italy
Transient Rainbow, Museum of Modern Art, New York, USA
Cai Guoqiang, Shanghai Art Museum, Shanghai, China

2001
Artistic Direction for APEC Cityscape Fireworks, Asia Pacific Economic Cooperation, Shanghai, China
Performing Chinese Ink Painting, Contemporary Art Gallery, Vancouver, Canada
Impression Oil Drawings, Charles H. Scott Gallery, Vancouver, Canada

2000
Ascending a Staircase. 69th Regiment Armory, New York, USA

1999
I Am the Y2K Bug, Kunsthalle Wien, Vienna, Austria

1998
No Construction, No Destruction: Bombing the Taiwan Museum of Art, Taiwan Museum of Art, Taichung, Taiwan
Daydreaming, Cherng Piin Gallery, Taipei, Taiwan

1997
Cultural Melting Bath: Projects for the 20th Century, Queens Museum of Art, New York, USA
Flying Dragon in the Heavens, Louisiana Museum of Modern Art, Humblebaek, Denmark

1996
The Century with Mushroom Clouds - Projects for the 20th Century, Nevada, Nuclear Test Site, Salt Lake, New York, USA

1994
Chaos, Setagaya Art Museum, Tokyo, Japan
Concerning Flame, Tokyo Gallery, Tokyo, Japan
The Horizon from the Pan-Pacific, Iwaki, Fukushima, Japan
From the Pan-Pacific, Iwaki City Art Museum, Fukushima, Japan
Calendar of Life, Gallery APA, Nagoya, Japan

1993
Project to Extend the Great Wall of China by 10,000 Meters, Jiayuguan City, China
Long Mai (The Dragon Meridian), P3 art and environment, Tokyo, Japan

1992
Wailing Wall–From the Engine of Four Hundred Cars, IBM Kawasaki City Galley, Kawasaki, Japan

1991
Primeval Fireball: The Project for Projects, P3 art and environment, Tokyo, Japan

1990
Works 1988/89, Osaka Contemporary Art Center, Osaka, Japan

Group Exhibitions and Projects

2004

The Snow Show, Rovaniemi, Finland
International Film Festival Rotterdam: Exposing Cinema, Rotterdam, The Netherlands

2003

Drawing Show, University of Florida, Gainsville, Florida, USA
The Heroic Century: The Museum of Modern Art Masterpieces, 200 Paintings and Sculptures, Museum of Fine Art, Houston, USA
Alore, Chine? Centre Pompidou, Paris, France
Pulse, Art, Healing, and Transformation, The Institute of Contemporary Art, Boston, USA.
Somewhere Better Than This Place, The Contemporary Arts Center, Cincinnati, USA.

2002

The First Guangzhou Triennial. Reinterpretation: A Decade of Experimental Chinese Art, Guangdong Museum of Art, Guangzhou, China
The Galleries Show, The Royal Academy of Art, London, UK
Magnet: Foreign Artists in Tuscany, Luigi Pecci Center for Contemporary Art, Pistoia, Italy
Tokachi International Contemporary Art Exhibition: Demeter, Obihiro, Japan
Red Continent, Gwangju Art Museum, Gwangju, Korea
ev+ a 2002, Limerick City Gallery of Art, Limerick, Ireland
M Meeting, Zhejiang Library, Hangzhou, China
Art That Heals, Apexart Gallery, New York, USA
Necessity of Relationship, Galleria Civica di Arte Contemporanea, Trento, Italy
Mega Wave, Yokohama 2001 International Triennale of Contemporary Art, Yokohama, Japan
Valencia de Bienale, Valencia, Spain
Project Refreshing, 49th Venice Biennale, Venice, Italy
Locus/Focus, Sonsbeek 9, Arnhem, The Netherlands
Gift, Palazzo Papesse, Siena, Italy. Scottsdale Museum of Contemporary Art, Arizona, USA (2002). The Bronx Museum of the Arts, Bronx, USA (2002)
Visual environment for /Asunder, Yin Mei Dance, Danspace, St. Mark's Church, New York, USA
Shanghai Spirit, Shanghai Biennial, Shanghai Museum of Art, China
media_city_seoul, Seoul Metropolitan Museum, Seoul, Korea
Echigo-Tasumari Art Triennial, Niigata, Japan
The Quite in the Land, Museu de Arte Moderna da Bahia, Salvador, Brazil
Sharing Exoticism, 5th Lyon Biennale of Contemporary Art, Lyon, France
Art/Unlimited/Basel/2000, Art/31/Basel, Basel, Switzerland
The Act of Resistance, Koldo Mitxelena Kulturunea, Donostia-San Sabastian, Spain
Biennale of Sydney 2000, Art Gallery of New South Wales, Sydney, Australia
Over the Edges, SMAK, Gent, Belgium
2000 Biennial Exhibition, Whitney Museum of American Art, New York, USA
Outbound, Houston Contemporary Arts Museum, Houston, USA
Wall, National Museum of History, Taiwan
Gratitude, Taiwan Museum of Art, Taiwan

1999

Art-Worlds in Dialogue, Museum Ludwig, Cologne, Germany
Zeitwenden, Kunstmuseum Bonn, Bonn, Germany
Kunstwegen, Stadtische Galerie Nordhorn, Nordhorn, Germany
Beyond The Future, The Third Asia-Pacific Triennial of Contemporary Art, Brisbane, Australia
Aperto over All, 48th Venice Biennial, Italy
International Currents in Contemporary Art, Guggenheim Museum Bilbao, Spain
Looking for a Place, The Third International Biennial, SITE Santa Fe, USA
Panorama 2000, Centraal Museum Utrecht, Netherlands

1998

Remanence, Melbourne Festival, Melbourne, Australia
Issey Miyake Making Things, Fondation Cartier pour l'art contemporain, Paris, France; ACE Gallery, New York, USA (1999) Museum of Contemporary Art Tokyo, Japan (2000)
Crossings, National Gallery of Canada, Ottawa, Canada
Inside Out: New Chinese Art, P.S.1 Contemporary Art Center, New York, USA; San Francisco Museum of Modern Art & Asian Art Museum of San Francisco, San Francisco, USA (1999); MARCO, Monterey, Mexico (1999); Tacoma Art Museum and Henry Art Gallery, Seattle, USA (1999)
Global Vision: New Art from the 90's part II, Deste Foundation, Athens, Greece
Taipei Biennial "Site of Desire", Taipei Fine Arts Museum, Taipei, Taiwan
Where Heaven and Earth Meet, Art Museum of the Center for Curatorial Studies, Bard College, NY, USA

	La Ville, le Jardin, la memoire: 1998, 2000, 1999, Academie de France a Rome, Rome, Italy (1999, 2000) *Wounds: Between Democracy and Redemption in Contemporary Art*, Moderna Museet, Stockholm, Sweden
1997	*Cities on the Move*, Secession, Vienna, Austria Museum of Contemporary Art *Bordeaux, Bordeaux*, France; P.S.1, New York, USA (1998); Louisiana Museum of Modern *Art, Humblebaek*, Denmark (1999) Hayward Gallery London, UK (1999) Kiasma Museum of Contemporary Art, Helsinki, Finland (1999) *On Life, Beauty, Translation, and Other Difficulties, 5th International Istanbul Biennial, Turkey Future, Past, Present, 47th Venice Biennial*, Italy *Performance Anxiety*, Museum of Contemporary Art, Chicago, USA; Museum of Contemporary Art, San Diego, U.S.A.; SITE, Santa Fe, USA *Promenade in Asia II*, Shiseido Gallery, Tokyo, Japan
1996	*The Hugo Boss Prize 1996*, Guggenheim Museum Soho, New York, USA *The Red Gate*, Museum van Hedendaagse kunst, Gent, Belgium *Origins and Myths of Fire - New Art from Japan, China and Korea*, The Museum of Modern Art, Saitama, Japan *Universalis, 23rd International Biennial of Sao Paulo*, Brazil *Asian-Pacific Triennial of Contemporary Art*, Queensland Art Gallery, Australia *Between Heavens and Earth - Aspects of Contemporary Japanese Art II*, Nagoya City Art Museum, Japan; Tamayo Museum, Mexico City, Mexico *In the Ruins of Twentieth Century*, The Institute for Contemporary Art, P.S.1 Museum, New York, USA
1995	*Contemplation*, The Ho-Am Museum, Seoul, Korea *Ripple Across the Water*, Watarium Museum of Contemporary Art, Tokyo, Japan *Transculture, 46th Venice Biennial*, Venice, Italy *Art in Japan Today 1985-1995*, Museum of Contemporary Art, Tokyo, Japan *The 1st Johannesburg Biennial*, Johannesburg, South Africa *The 51st Scripps Ceramics Annual*, Ruth Handler Williamson Gallery, Scripps College, USA
1994	*Heart of Darkness*, Rijksmuseum Kruller-Muller, Otterlo, Holland *Creativity in Asian Art Now*, Hiroshima City Museum, Hiroshima, Japan *Well Spring, Bath Festival Exhibition*, Bath, UK *Open System*, Contemporary Art Gallery, Art Tower Mito, Ibaragi, Japan *Making New Kyoto '94*, Kyoto, Japan *Promenade in Asia*, Shiseido Gallery, Tokyo, Japan
1993	*Silent Energy*, Museum of Modern Art, Oxford, UK
1992	*Encountering the Others*, The Kassel International Art Exhibition, Hann. Munden, Germany *Das Kunstwerk in Zeitaleer Seiner Telekommunizerbarkeit*, Vienna, Austria *Looking for Tree of Life*, the Museum of Modern art, Saitama, Japan
1991	*Exceptional Passages*, Museum City Project, Fukuoka, Japan
1990	*The 7th Japan Ushimado International Art Festival*, Okayama, Japan *Chine Demain pour hier, Pourrieres*, Aix-en-Provence, France
1989	*'89 Tama River Fussa Art Exhibition*, Tokyo, Japan
1985	*The Shanghai and Fujian Youth Modern Art Joint Exhibition*, Fuzhou City Museum, China *Wuyi-Shan Open Air Exhibition*, Fujian, China

Born: 1955, Chong Qing, China
Education: 1987, MFA Central Academy of Fine Art, Beijing
Residence: 1957-1990, Beijing
1990-present, USA
Awards: American Academy in Berlin Resident Artist 2004
Fukuoka Asian Culture Prize 2003
MacArthur Award 1999
Pollack Krasner Foundation Prize 1998
ArtPace Foundation Resident Artist 1996

Solo Exhibitions

2004 *Xu Bing & Gu Xiong*, Museum London, Ontario, Canada

2003 *Xu Bing, Chinese Art Centre*, Manchester, England
Xu Bing, Fukuoka Asian Art Museum, Fukuoka, Japan
Xu Bing, Hong Kong Arts Centre, Hong Kong
Book from the Sky, Princeton University Art Museum, Princeton, New Jersey

2002 *Xu Bing: Living Word 2*, Herbert F. Johnson Museum of Art, Cornell University, Ithaca, New York
Xu Bing, Emily Davis Gallery, Myers School of Art, University of Akron, Akron, Ohio
Classroom Calligraphy, Daryl Reich Rubenstein Gallery, Sidwell Friends School, Washington D.C.
Xu Bing, Commons Gallery, University of Hawaii, Honolulu, Hawaii

2001 *Word Play: Contemporary Art by Xu Bing,* Arthur M. Sackler Gallery, Smithsonian Institution, Washington D.C.
Xu Bing: Prints and Books, Portland Institute of Contemporary Art, Portland, Oregon
Xu Bing: One-Man Show, Eslite Gallery, Taipei, Taiwan
Reading Landscape, North Carolina Museum of Art, North Carolina

2000 *A Book from the Sky & Classroom Calligraphy,* National Gallery of Prague, Czech Republic
Book/Ends: Imag(in)ing the Book- The work of Xu Bing, Albany Public Library, Albany, New York
The Tobacco Project: A Series of Installations Created by Xu Bing, The Duke Homestead & Tobacco *Museum, and The Perkins Library Gallery*, Duke University, Durham, North Carolina

1999 *Calligraphy for the People: A Site Specific Installation*, Bates College Museum of Art, Lewiston, Maine

1998 *Xu Bing: Introduction to Square Word Calligraphy,* New Museum of Contemporary Art, New York, New York
Xu Bing, Jack Tilton Gallery, New York, New York
Cultured Animal, The Wood Street Gallery, Pittsburgh, Pennsylvania
Xu Bing: Recent Projects, California Institute for the Arts, Valencia, California

1997 *Another Language of Art: An Installation by Xu Bing,* Allen Priebe Gallery, University of Wisconsin-Oshkosh, Oshkosh, Wisconsin
Xu Bing: Square Word Calligraphy, Hanart T Z Gallery, Hong Kong
Classroom Calligraphy, Joan Miro Foundation at Mallorca, Spain
Installation by Xu Bing, ICA-Institute of Contemporary Arts, London, United Kingdom
Xu Bing, Tokyo Gallery, Tokyo, Japan
Xu Bing: Lost Letters, Asian Fine Arts Factory, Berlin, Germany
The Net: A Collaborative Installation by Xu Bing, Tarble Arts Center, Eastern Illinois University, Charleston, Illinois

1996 *Xu Bing: A Case Study of Transference,* Ethan Cohen Fine Art, New York, New York

1995 *Xu Bing: Language Lost*, Massachusetts College of Art, Boston, Massachusetts
Xu Bing Series Exhibition 2, North Dakota Museum of Art, Grand Forks, North Dakota
Xu Bing, Randolph Street Gallery, Chicago, Illinois
Xu Bing, Dille Center for the Arts, Moorhead State University, Moorhead, Minnesota
Xu Bing: A Book from the Sky, University Art Museum, Albany, New York

1994 *Xu Bing: Recent Work*, The Bronx Museum of the Arts, Bronx, New York
Xu Bing: Cultural Negotiations, Art Center College of Design, Pasadena, California

1993 *Xu Bing: Experimental Exhibit*, Han Mo Art Center, Beijing, China
Xu Bing: Le Livre de Ciel, La Galerie Bellefroid, Paris, France

1992 *Xu Bing Series Exhibition 1*, North Dakota Museum of Art, Grand Forks, North Dakota

1991 *Three Installations by Xu Bing*, Elvehjem Museum of Art, Madison, Wisconsin
One Man Show, Chinese Modern Art Center, Osaka, Japan
Book of Heaven, DF Fong & Spratt Galleries, San Jose, California

1990 *Xu Bing: A Book from the Sky*, Tokyo Gallery, Tokyo, Japan

1988 *Xu Bing: A Book from the Sky*, National Fine Art Museum, Beijing, China

Group Exhibitions

2004 *Artes Mundi Prize Exhibition*, National Gallery and Museum of Wales, Cardiff, Wales
Regeneration: Contemporary Chinese Art from China and the US, Samek Art Gallery, Bucknell University, Lewisburg, Pennsylvania
Crossroads, Shanghai Art Gallery, Shanghai, China

2003 *New Zone – Chinese Art*, Zacheta Gallery, Warsaw, Poland
Chinese Printmaking Today, The British Library, London, United Kingdom
Happiness, Mori Art Museum, Tokyo, Japan
The Invisible Thread: Buddhist Spirit in Contemporary Art, Snug Harbor Culturenter, Staten Island, New York
The First Beijing International Art Biennale, China National Museum of Fine Arts, Beijing, China
Left Hand, Right Hand, 798 Space, Beijing, China
Harmony vs. Confrontation, Art Beatus Gallery, Vancouver, Canada
Skowhegan Faculty Exhibition, Institute of Contemporary Art at Maine College of Art, Portland, Maine
Love and/or Terror: Contemporary Book Art, The University of Arizona Museum of Art, Tucson, Arizona
Drawing the World: Masters to Hipsters, Vancouver Art Gallery, Vancouver, Canada
Drawing the Line: Contemporary Artists Reassess Traditional East Asian Calligraphy, Pacific Asia Museum, Pasadena, California
William Anastasi, Xu Bing, Marino & Costanza at the Annex, White Box, New York, New York
Austral – Asia Zero Three, Sherman Galleries, Sydney, Australia
Cyber Asia, Hiroshima Museum of Contemporary Art, Hiroshima, Japan

2002 *China, Tradition & Moderne*, Ludwig Galerie, Schloss Oberhausen, Germany
Overt Operation, Joseph Helman, New York, New York
The 4th Shanghai Biennale, Shanghai Art Museum, Shanghai, China
The First Guangzhou Triennial - Reinterpretation: A Decade of Experimental Chinese Art 1990-2000, Guang Dong Museum of Art, Guangzhou, China
Translated Acts, Museo de Arte Carrillo Gil, Mexico City, Mexico
Global Priority, Jamaica Center for Arts & Learning, Jamaica, New York; Pier-2 Art District, Kaohsing, Taiwan
China Agricultural Museum Exhibition, Beijing, China
Chinese Contemporary Art Exhibition, Gwangju Art Museum, Gwangju, Korea
The 2002 International Flag Art Festival, Seoul, South Korea
ES 2002 Tijuana: Bienal Internacional de Estandartes, Centro Cultural Tijuana, Mexico
Asia Pacific Triennial, Queensland Art Gallery, Brisbane Australia
Biennale of Sydney, Museum of Contemporary Art, Sydney, Australia
Hard to Read, Center for Curatorial Studies, Bard College, Annandale-on-Hudson, New York
Contemporary Brush Strokes: New York Artists From China, China 2000 Fine Art, New York, New York
Project 3, Elga Wimmer PCC, New York, New York
Avant Garde Calligraphy, Arvada Center for the Arts and Humanities, Arvada, Colorado
Contemporary Art Commissions, The Asia Society and Museum, New York, New York

2001 *Power of the Word*, Emerson Gallery, Hamilton College, Clinton, New York; The Tang Teaching *Museum and Art Gallery*, Skidmore College, Saratoga Springs, New York
Tracing: Works on Paper by Chinese Contemporary Artists, Fosdick-Nelson Gallery, Alfred University

School of Art and Design, Alfred, New York
Brooklyn! Palm Beach Institute of Contemporary Art, Palm Beach, Florida
A Shriek Inside an Invisible Box, Meguro Museum of Art, Tokyo, Japan
Bogus/ the Counterfeit and Contemporary Art, Castle Gallery, University of New Rochelle, New *Rochelle*, New York
Give and Take, Serpentine Gallery and the Victoria & Albert Museum, London, United Kingdom
Word & Meaning: Six Contemporary Chinese Artists, Ohio State University and Trisolini Gallery, Athens, Ohio
Ink: Calligraphic Performance by Mixed Generations of Ink Artists, Ethan Cohen Fine Arts, New York, New York
Translated Acts: Performance and Body Art from East Asia, Haus der Kulturen der Welt, Berlin, Germany; Queens Museum of Art, Queens, New York
Media Messages: Look Through Language, Sendai Mediatheque, Sendai, Japan

2000 *Sydney Biennale*, Art Gallery of New South Wales, Sydney, Australia
*Pelicate Balance: Six Routes to the Himalayas,*Kiasma Museum of Contemporary Art, Helsinki, Finland
Global Conceptualism: Points of Origin, 1950s-1980s, Walker Art Center - Miami Art Museum, Miami, Florida
House, Home and Family. Furniture depot in Shanghai, China
Group Exhibition, Hiroshima City Museum, Hiroshima, Japan
Chinese Contemporary Art Documentation show, 1990s. Fukuoka Asian Art Museum, Fukuoka, *Japan EV+A 2000: Friends and Neighbours,* EV+A Annual Exhibition of Visual + Art, Limerick City *Gallery Of Art*, Limerick, Ireland
Inside Out: New Chinese Art, National Gallery of Australia, Canberra, Hong Kong Art Museum, Hong Kong
Power of the Word, Falconer Gallery, Grinnell College, Grinnell, Iowa
Palimpsest, Fuller Museum of Art, Brockton, Massachusetts
Animal.Anima.Animus, Winnipeg Art Gallery, Winnipeg, Canada
Word and Meaning: Six Contemporary Chinese Artists, The University of Buffalo Art Gallery, Buffalo, New York
The Book & the Computer, Ginza Graphic Gallery, Tokyo, Japan
Word Project, Museum of Ohio University, Ohio

1999 *Banner Project,* MOMA- Museum of Modern Art, New York, New York
Art Worlds in Dialogue-Global Art Rhineland 2000, Museum Ludwig, Cologne, Germany
Zeitwenden-Looking Back and Looking Forward through the Fine Arts, Kunstmuseum, Bonn, Germany
Global Conceptualism: Points of Origin, 1950s-1980s, Queens Museum of Art, Queens, New York
The 1st Fukuoka Asian Art Triennale, Fukuoka Asian Art Museum, Fukuoka, Japan
Magnetic Writing / Marching Ideas, Works on Paper, IT Park Gallery, Taipei, Taiwa
The 3rd Art Life 21, Spiral/Wacoal Art Center, Tokyo, Japan
CON(TEXT): Words, Text, and Meaning in the Permanent Collection, The Bronx Museum of the Arts, Bronx, New York
Transience-Chinese Experimental Art at the End of the Twentieth Century, Smart Museum of Art, University of Chicago, Chicago, Illinois
Babel: Contemporary Art and the Journeys of Communication, Ikon Gallery, Birmingham, United Kingdom
The Art of Artist's Books, Mexico City, Mexico
Group Show, University of Oregon Museum of Art, Eugene, Oregon
Group Show, Hood Museum of Art, Dartmouth College, Hanover, New Hampshire
Contemporary East Asian Letter Arts, Seoul Arts Center, Seoul, South Korea

1998 *Concerning Truth,* Gallery 400, The School of the Art Institute of Chicago, Chicago, Illinois
The Library of Babel, ICC-Intercommunication Center, Tokyo, Japan
Crossings, National Gallery of Canada, Ottawa, Canada
Empty Tradition/City of Peonies (set design), Asia Society, New York
Site of Desire, 1998 Taipei Biennial, Taipei Fine Art Museum, Taipei, Taiwan
Unreadable Books. New Letters, The Mitaka City Art Center, Japan
Animal. Anima. Animus, Pori Art, Pori, Finland; Museum voor Moderne Kunst Arnhem, Arnhem, *The Netherlands; P.S.1*, Long Island City, New York
Inside – Out: New Chinese Art, The Asia Society Museum and P.S.1, New York, New York; San Francisco Museum of Modern Art and The Asian Art Museum, San Francisco, California; Henry Art Gallery
Where Heaven and Earth Meet: Xu Bing and Cai Guoqiang, Bard College Center for

	Center Gallery, New York, New York *Freedom of Art Project*, The Stedelijk Museum of Amsterdam, The Netherlands *Exhibition of Contemporary Chinese Art and The Fin de Siecle,* Lehman College Art Gallery, New York., New York *Five Continents and One City,* Mexico City Museum, Mexico City, Mexico *Autonomous Action: New Chinese Performance Art on Video*, Artspace, Auckland, New Zealand
1997	*Plural Speech*, White Box Gallery, New York, New York *Power, 2nd. Kwangju Biennale*, Kwangju, South Korea *Transversions, 2nd Johannesburg Biennale*, Johannesburg, South Africa *Around Us, Inside Us - Continents*, Boras Konstmusem, Broas, Sweden *The Other Modernities*, House of World Cultures, Berlin, Germany *New China*, Jack Tilton Gallery, New York
1996	*Interzones*, Kunstforeningen, Copenhagen, Denmark *Interzones 2,* Upagessala Upagessala Museum (Konstmuseum, Upagessala), Upagessala, Sweden *Fractured Fairy Tales: Art in the Age of Categorical Disintegration,* Duke University Museum of Art, Durham, North Carolina *Origins and Myths of Fire,* The Museum of Modern Art, Saitama, Japan *New Works: 96.3,* ArtPace International Artist in Residence Program, ArtPace, San Antonio, Texas *Godzilla at BMCC: And We Speak*, Shirley Fiterman Gallery at BMCC, New York *Installation/Performances*, Marstall Performance Centre, Munich, Germany *China Avant Garde,* Gallery Q, Tokyo, Japan
1995	*New Art in China, 1989-1994.* Vancouver Art Gallery, Canada *File No. 1: Conceptual Documents for Impossible Art,* SOHO Biennial 95, New York *Group Show,* Plexus, New York *Arts & Letters,* June Kelly Gallery, New York
1994	*Cocido y Crudo,* Reina Sofia National Museum of Art (Museo Nacional Centro de Arte Reina Sofia), Madrid, Spain *Between East and West: Transformations of Chinese Art in the Late Twentieth Century,* The Discovery Museum, Bridgeport, Connecticut *Jumping Typography,* O Art Museum, Tokyo, Japan *Flesh & Ciphers,* Here Foundation, New York *Flowering in the West,* Haenah-Kent Gallery, New York
1993	*45th Venice Biennial,* Venice, Italy *Fragmented Memory-The Chinese Avant-Garde in Exile,* Wexner Center for the Visual Arts, Columbus, Ohio *New Art from China, Post-1989,* Hanart TZ, Hong Kong; Hong Kong Arts Centre, Hong Kong; Marlborough Fine Art, London, United Kingdom; Museum of Contemporary Art, Sydney, Australia; Santa Monica Art Center, Barcelona, Spain; Fort Wayne Museum of Art, Denver, Colorado; University of Oregon Museum of Art, Eugene, Oregon; Chicago Cultural Center, Chicago, Illinois; San Jose Museum of Art, San Jose, California
1992	*Desire for Words,* Hong Kong Arts Centre, Hong Kong *New Art From China,* Queensland Art Museum, Brisbane, Australia; City of Ballarat Art Museum, Ballarat, Australia; Canberra School of Art, Canberra; Museum of New South Wales, Sydney, Australia Looking for Tree of Life: A Journey to Asian contemporary Art, Museum of Modern Art, Saitama, Japan *International Art Project: FAX-ART,* Venice, Italy; Manchester, United Kingdom; Tokyo, Japan; Vienna, Austria
1991	*I Don't Want to Play Cards With Cezanne and Other Works,* Pacific Asia Museum, Pasadena, *California From 'Star Star' to Avant Garde - Nine Artists from China,* Asian American Arts Centre, New York
1989	*China Avant-Garde,* National Fine Art Museum, Beijing, China
1986	*Paris – Pekin,* Palais Des Etudes, Paris, France *Fourth International Drawing Exhibition,* Nuremburg, Germany *International Biennial Printmaking Exhibition,* Ankara, Turkey International Fine Art Show, Algeria

AFTERWORD

Starting in the mid-1990s, contemporary art by Chinese artists residing overseas made rapid and impressive developments, with the art practice of Xu Bing, Cai Guo-Qiang and Gu Wenda in New York, as well as Huang Yongping in Paris, drawing particular attention. In addition to their individual artistic achievements, overseas Chinese artists have strengthened the mutual understanding between China and the rest of the world in the era of globalisation, and increased the influence of Chinese art and culture in the international arena. At the same time, they have also provided a significant example for artists in China to refer to.

I very much appreciate the work of Xu Bing and these other artists. By Western mainstream standards, they rank among the best artists in the world. It is no easy matter for artists who are immigrants and thus minorities in their country of residence to achieve such recognition in Europe and America, and they are truly worthy of admiration. However, because they are minorities, with a different cultural background, to a greater or lesser degree there is always conflict in their minds. I would be very interested in knowing their opinions regarding the development of contemporary art in Mainland China. I think that, as experienced people, their views are important and worth paying attention to.

My Ph.D. student Zhang Zhaohui went to New York in the mid-90s to pursue contemporary art curatorial studies, and one of his research topics during that time was a comparative study of the art of Xu Bing and Cai Guo-Qiang. This book reflects his primary research into the development of Chinese contemporary art and the interactive cultural relationship between China and the West in the current global context. In 2003, he began studying towards his doctorate at the Central Academy of Fine Arts. I hope that this new academic environment will enrich and improve his disciplinary structure and angle of research, and enable him to investigate more deeply the various issues that affect artists in this day and age. At the same time, I also hope that more young scholars will join the debate and involve themselves in this area of research.

Pan Gongkai
President of the Central Academy of Fine Arts
Summer 2004

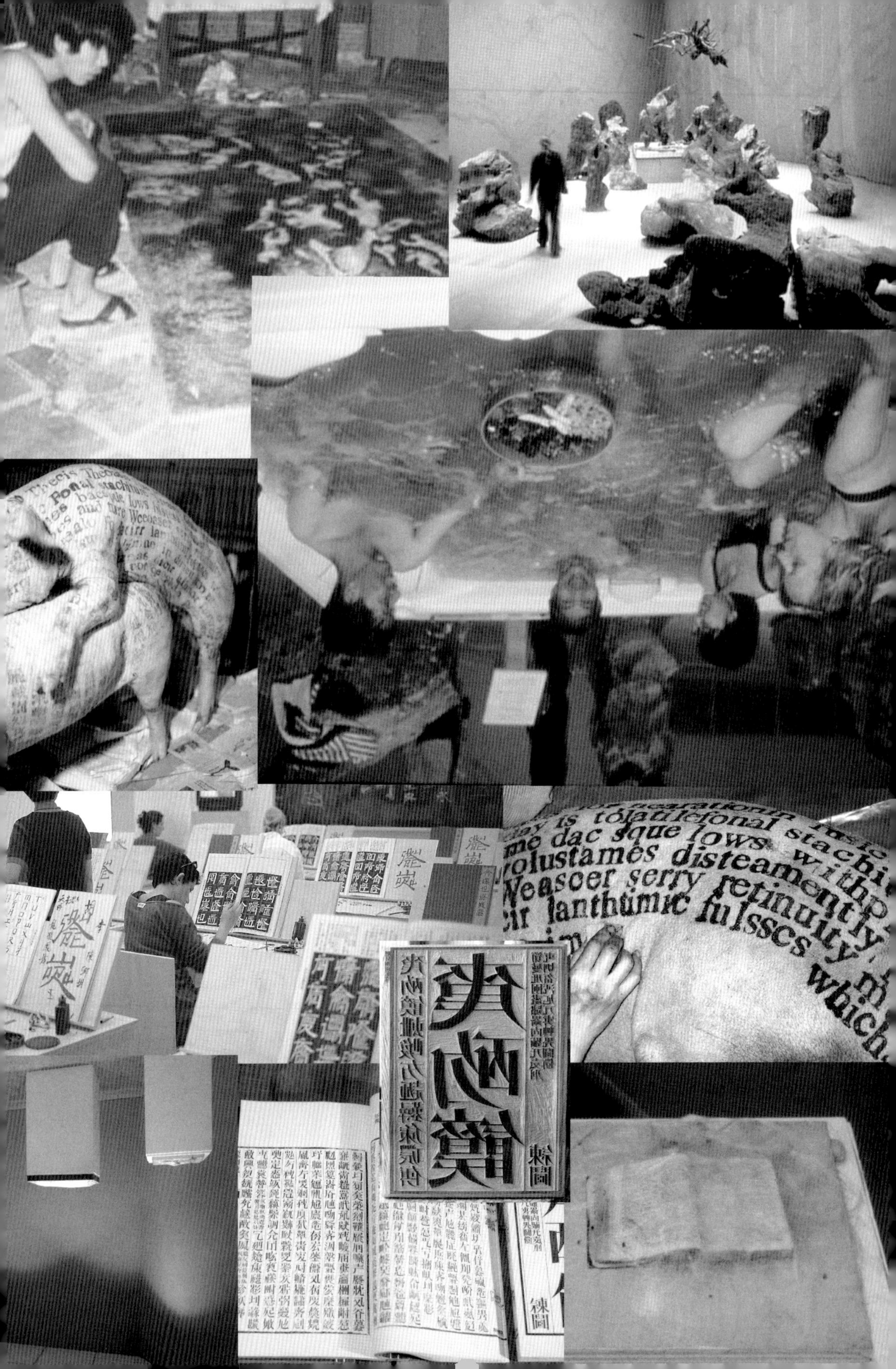

is tolatulefonal stachi
me dac sque lows with
volustamès disteamently
Weascer serry retinuity
cir lanthumic fulsses
which

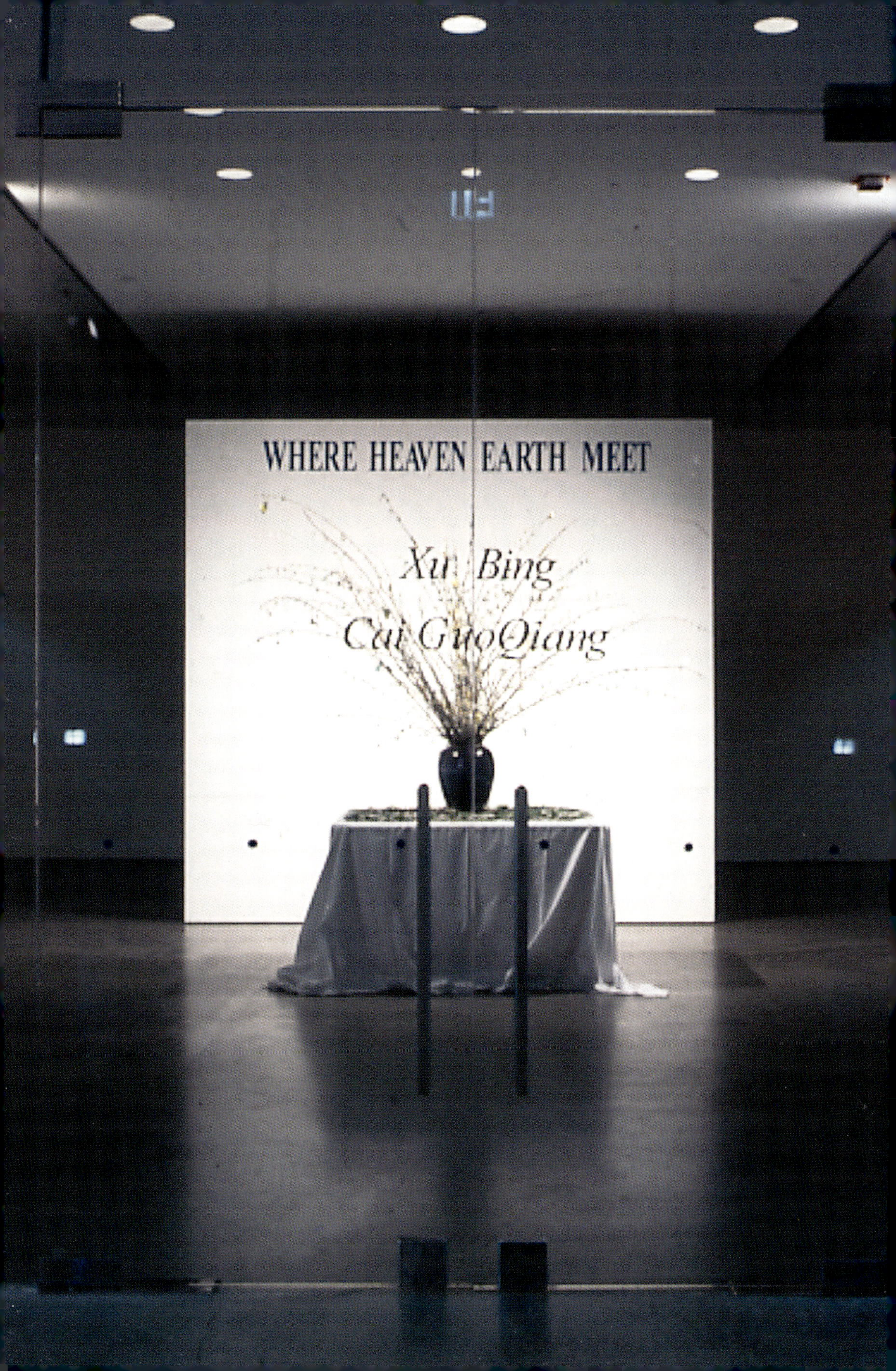

WHERE HEAVEN EARTH MEET

Xu Bing

Cai GuoQiang

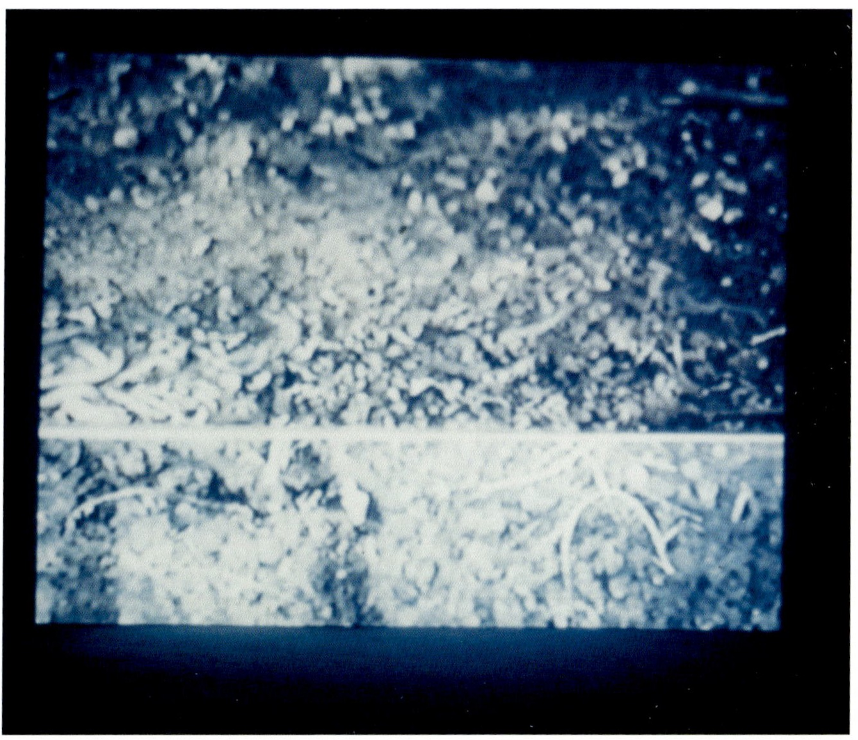

蔡国强《纽约土地室》视频投影 1998
Cai Guo-qiang: Projection View of *New York Earthworm Room*

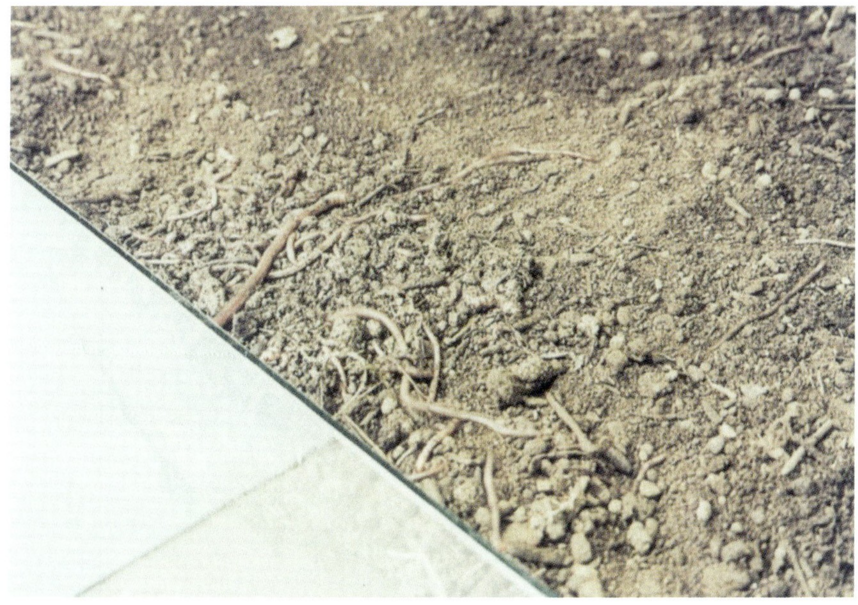

蔡国强《纽约土地室》1998
Cai Guo-qiang: *New York Earthworm Room*

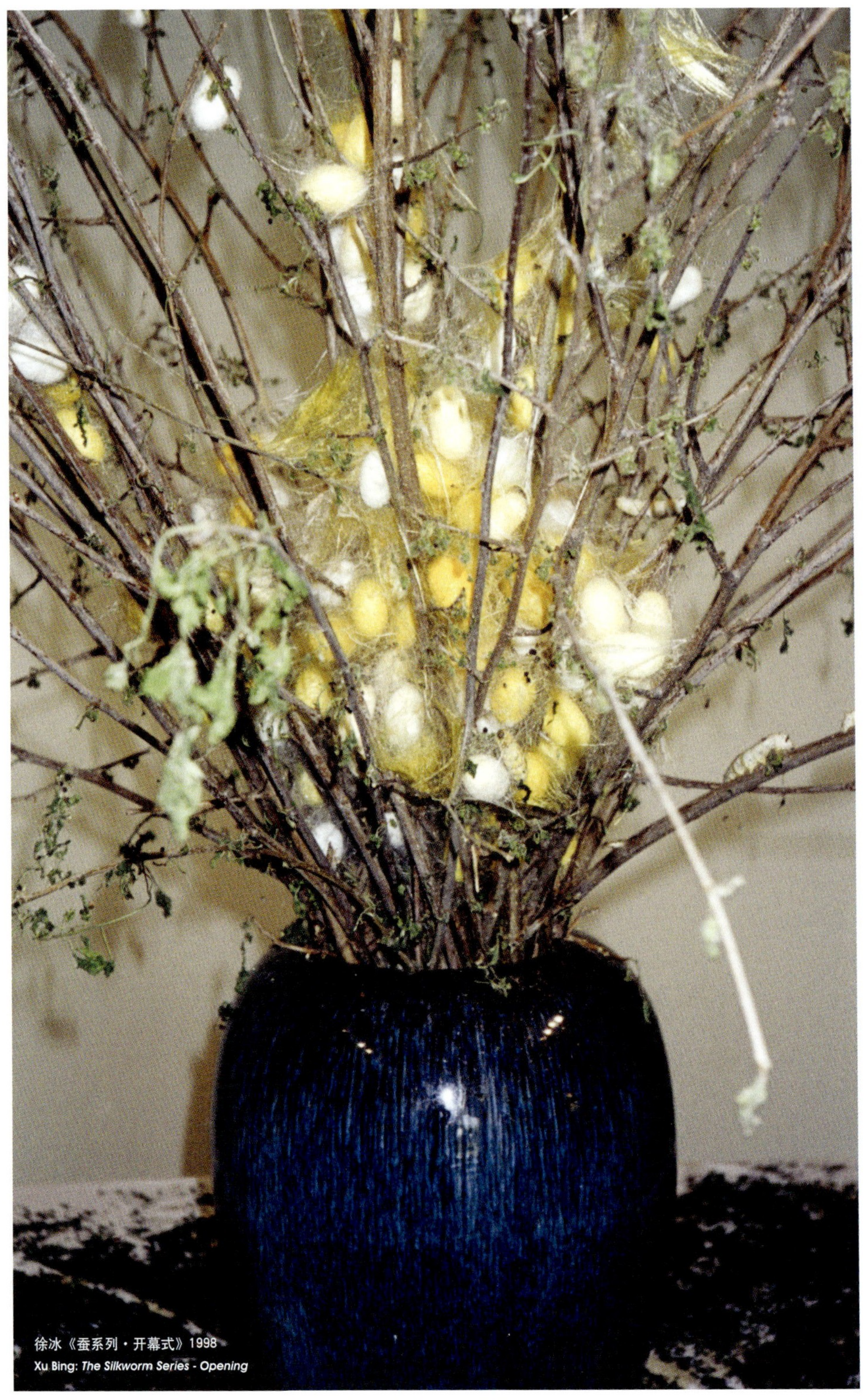
徐冰《蚕系列·开幕式》1998
Xu Bing: *The Silkworm Series - Opening*

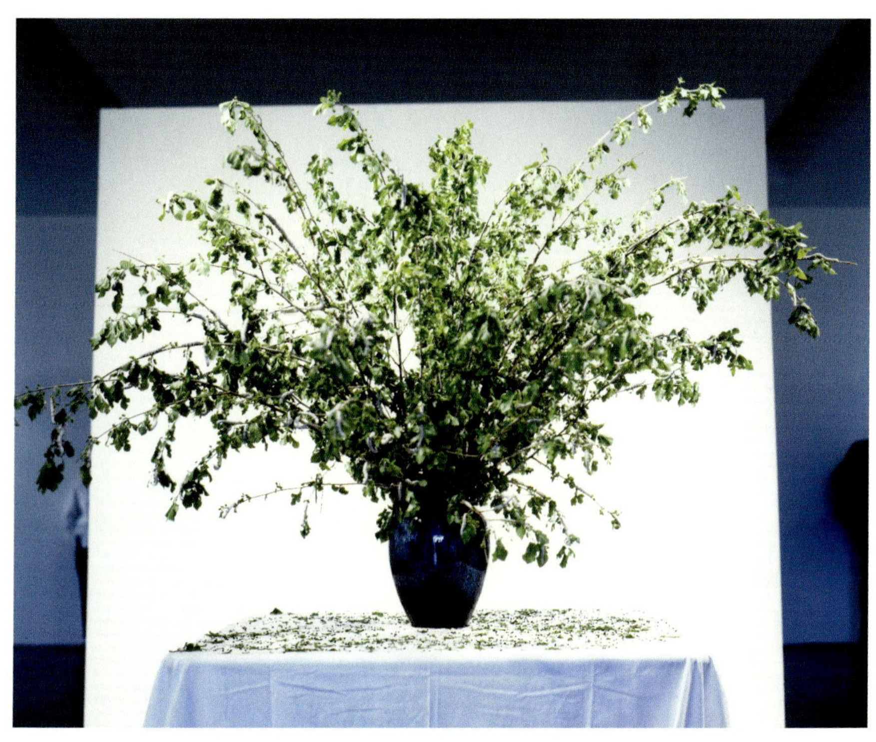

徐冰《蚕系列・开幕式》1998
Xu Bing: *The Silkworm Series - Opening*

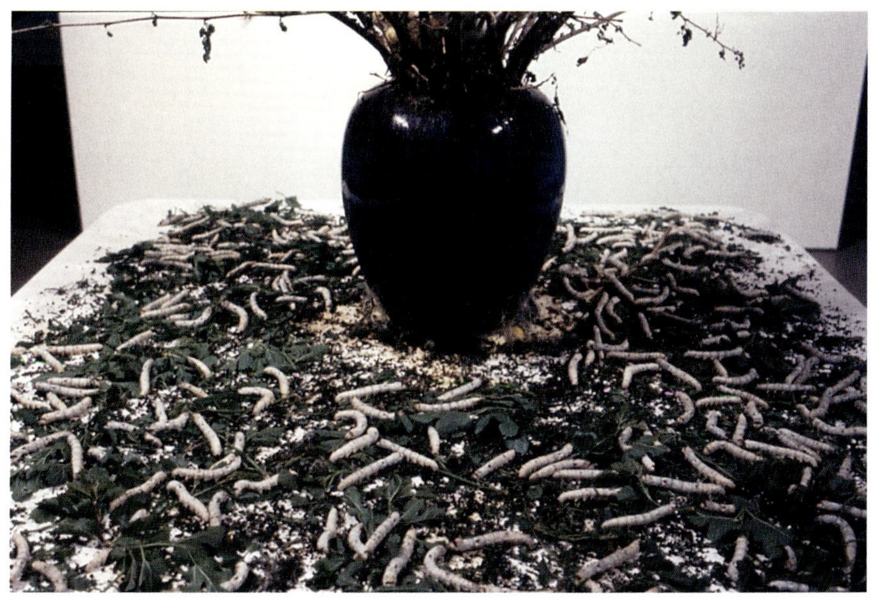

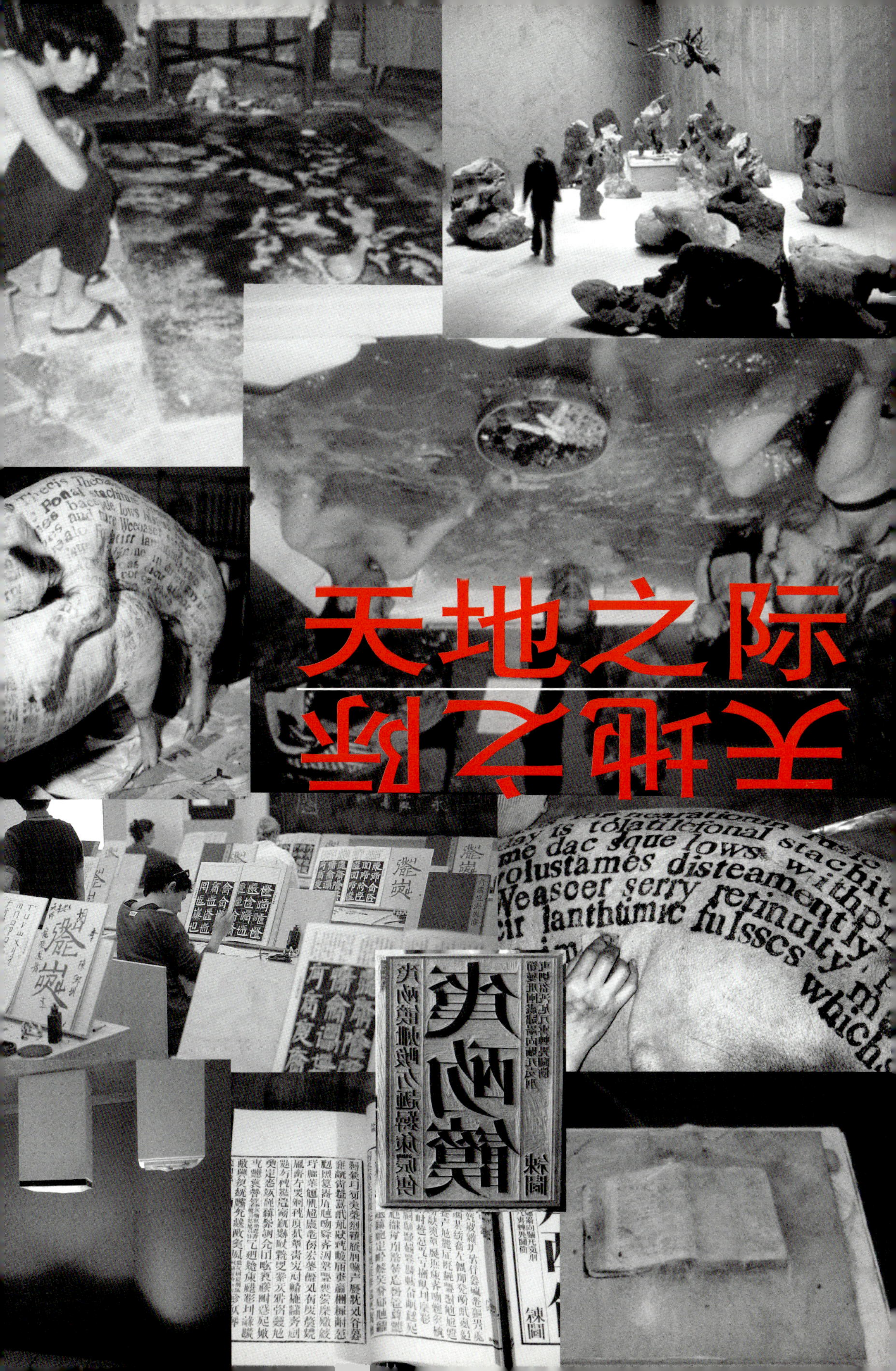
天地之际